탈식민주의 상상의 역사학으로

Towards a Histography of Post-colonial Imagination

탈식민주의 상상의 역사학으로

Towards a Histography of
Post-colonial Imagination

윤해동 지음

푸른역사

서론

I

나는 지금 이 시대를 '에피고넨의 시대'로 부르고자 한다. 에피고넨이라는 단어가 사전적으로는 '아류'라는 의미를 가질진대, 학문적인 세계에서 '에피고넨의 시대'란 어떤 사태를 지칭하는 것일까? 한 시기의 학문적 구성이 시간의 변화를 따라잡지 못하고 지체하는 현상이 일반화된 시대를 말하는 것이 아닐까 싶다. 예컨대 한국사 연구에서 '내재적 발전론'이 '이미' 한 시대의 사명을 훌륭하게 완수했는데도, 시대착오적인 방식으로 그를 방어하려는 보수적이거나 더 나아가 수구적인 태도, 이런 태도를 일컬어 바로 '에피고넨'이라고 할 수 있을 것이다. 이런 에피고넨이 득세하는 시대를 에피고넨의 시대라고 부른다면, 그런 시대는 의식의 중층성으로 그 모습을 드러내는 경우가 많다.

역사 해석과 관련하여 예전의 입장을 고수하려는 보수적인 태도가 한국 학계에서 일반적으로 주류의 위상을 차지하고 있다고 인정하더라도, 그런 입장과 상이한 학문적 입장이나 태도를 가진 사람들도 상당한 부분을 차지한다는 점 역시 충분히 인정할 만하다. 요컨대, 변화하는 힘과 변화에 저항하는 힘의 양 극단 사이에 존재하는 '다원적인 스펙트럼' 속에 학문적 태도가 분포되어 있는 상황, 또는 오래된 것과 새로이 형성된 지층으로 이루어진 몇 겹의 축적으로 구성된 학문적 상황, 이런 의식의 지층이 교차하는 시대 혹은 다원적 스펙트럼이 공존하는 시대가 바로 에피고넨의 시대일 것이다.

따라서 에피고넨의 시대는 다원적 시간이 여러 겹으로 얽혀서 작동하는 때이기도 하다. 이런 다원적 시간의 흐름 속에서 우리는 새로운 시대를 맞이하고 있는 셈이다. 역사적 시간 혹은 역사 인식의 층위에서는 에피고넨의 시간과 그 아래에서 기지개를 켜면서 새로운 움직임을 시작한 시간, 예컨대 탈식민주의의 시간 혹은 탈근대의 시간을 우리는 통과하고 있는 것이다. 그래서 에피고넨의 시대는 모든 것이 뿌리 뽑힌 경박한 시대이기도 하다. 오래된 것도, 새로운 것도, 모두 뿌리를 깊이 내리지 못하고 있는 시대. 이렇게 가볍고 어지러운 시대에 역사 인식의 에피고넨에 대해 질문하는 것은 무슨 의미를 가질 수 있을 것인가? 모든 것이 변하고 있는 '이행의 시대'에 사실 혹은 현실에 대한 믿음만이 새로운 혈로를 열어준다고 믿어도 될 것인가? 사실에 대한 믿음이 진부한 '실증주의적 퇴행'으로 연결되지 않도록 하기 위해서라도 '에피고넨의 시대'에 대한 메타 차원의 질문이 필요한 시점이 아닌가?

II

한국 사회에는 프랑스의 작가 카뮈에 대한 '심각한' 신화가 퍼져 있다. 제2차 세계대전 전후의 인류 문명과 인간 현존의 부조리에 대한 가장 철저한 비판자이자, 대독 레지스탕스 활동에 참가했던 저항 작가로서 대독 협력자 청산에 있어서 비타협적인 입장을 견지했던 실천적인 지식인이라는 신화가 바로 그것이다. 특히 후자와 관련한 신화는 한국에서도 10여 년 전부터 친일 청산 논의가 활발해지면서 더욱 강화되었다.

그러나 카뮈가 1954년부터 1962년 사이의 알제리 독립전쟁을 비판하면서, 알제리의 정치적 독립에 반대했다는 사실은 거의 신경 쓰지 않는다. 카뮈는 프랑스의 민족주의를 위해 전사한 알제리의 원주민들에게 정치적 기본권을 부여해야 한다고 강조했지만, 그들에게 정치적 독립을 부여하는 대신 프랑스인과 알제리인이 연합하여 새로운 공동체를 세워야 한다고 주장했다. 이렇게 본다면 한국인들이 카뮈에 대해 가진 신화의 이면에는 또 다른 심각한 맹목성이 가로놓여 있는 셈이다(박홍규, 《카뮈를 위한 변명》, 우물이 있는 집, 2003). 카뮈에 대한 한국인들의 이런 '이율배반'을 도무지 어떻게 이해해야 할까?

카뮈의 알제리 독립에 대한 입장을 조선에 대입하면, 다음과 같은 가정이 성립한다. 하층 출신으로 조선에서 태어나 성장했던 한 일본인 지식인이 조선의 독립을 반대한다. 그 일본인 지식인은 전후 맥아더사령부의 일본 점령과 지배에 대해서는 대단히 예민하게 반응하거나 저항하지만, 식민지의 독립에 대해서는 매우 무감각하거나 독립에 대해 부정적인 입장을 취한다. 게다가 그는 식민지 치하 조선인에게 정치적인 기본권을 인정해주고, 나아가 조선인과 일본인이 연합하여 하나의 정치적 공동체를 수립해야 한다고 주장한 셈이다. 이를 '심층적인 내선일체'라고 할 수 있겠다.

대독 협력자 청산에 대한 비타협적 입장과 알제리인의 정치적 독립에 대한 부정적 태도를 편의적으로 분리하여 카뮈의 사상을 이해할 수는 없을 것이다. 그렇다면 한국인들의 카뮈에 대한 맹목성은 도대체 어떤 해석이 가능할 것인가? 그저 단순한 무지에서 비롯된 것이 아니라고 한다면, 식민주의를 '특수성'의 맥락에서만 이해하려는 태도와 관련이 있는 것은 아닐까? 카뮈 혹은 서구 유럽인들과 식민주의는 그다지 관련이 없거나 중요하지 않다고 간주하는 한국인들의 유럽 중심주의적 태도 때문일 수도 있다. 과연 그런 측면이 있다면, 우리는 카뮈를 '식민주의자'로 봐야 할 것이다. 또 그의 실존주의 사상이든, 협력자에 대한 비타협적 태도든, 모두 식민주의적 프리즘을 통해 재해석해야만 할 것이다. 그리고 카뮈의 식민주의에 대해 맹목적인 한국 학계의 내면화된 식민주의도 '청산'해야 할 것이다.

III

'식민주의'는 이처럼 내면화되어 우리의 일상 속에 깊숙하게 뿌리 내리고 있는 것처럼 보인다. 이 책의 I부에서는 동아시아 차원에서 작용하는 식민주의의 역사적 기원과 현실적 논리를 살펴보았다. 이는 식민주의를 비판하는 내재적 가능성을 발견하기 위한 시도다. 제국 지배를 경험한 일본에서는 전후 점령과 냉전에 의해 식민주의가 자연스럽게 내면화되었으므로 오히려 식민주의는 과거의 '철 지난 유행'처럼 여겨졌다. 이에 반해 식민지 피지배를 경험한 사회에서는 총동원 체제의 폭력적 메커니즘이 그대로 유지되었다. 과거의 식민지 지역에서는 복지국가로 포섭할 수 있는 능력을 갖지 못했기 때문인데, 그런데도 식민주의에 대한 자기성찰은 없었다. 이런 역설이 관철되는 시대가 바로 우리가 살고 있는 시대, 곧 '식민주의의 시대'이리라.

II부 '에피고넨의 시대'에는 한국사 연구에서의 '내재적 발전론'과 '민중사 연구' 그리고 '식민지근대화론'을 비판하는 논문 세 편을 실었다. 전혀 다른 것처럼 보이는 이 세 가지 논의가 실은 대단히 유사한 인식론을 기반으로 삼고 있음을 지적하려 한다. 이 세 논의를 가로지르는 인식론적 기반으로는 크게 두 가지를 들 수 있다. 바로 민족주의와 근대주의인데, 물론 위의 논의들에서 두 가지 요소가 관철되는 방식은 차이가 있다. '내재적 발전론'이 "강한 민족주의와 강한 근대주의"에 기반을 두고 있다면, '민중사 연구'는 "강한 민족주의와 약한 근대주의", '식민지근대화론'은 "약한 민족주의와 강한 근대주의"라는 조금씩 다른 조합 위에 논의되는 것이다. 그런데 '내재적 발전론' 혹은 '민중사 연구'와 '식민지근대화론' 사이에는 적대적 구조가 강하게 형성되어 있으며, 같은 인식론적 기반을 공유하고 있다는 사실조차도 받아들이지 않는다. 어떤 면에서는 자신의 민족주의적 신념을 윤리적 차원으로 '승화' 시켜버렸기 때문일 것이다. 한편 '식민지근대화론'이 민족주의적 차원의 비판에 대응하기 위해 동원하는 인식론적 무기가 주로 '근 대주의'의 지평에 입각해 있다는 사실은 어쩌면 당연한 일이다.

III부 '탈식민주의 상상'에는 식민 지배나 점령 통치하에서의 '협 력' 및 과거 청산 문제와 '개념사 연구'의 성과와 문제점을 살펴보 는 두 편의 글을 실었다. 첫 번째 글에서는, 식민지 피지배 경험을 과도하게 특수한 영역으로 인식해버리면, 근대국가, 나아가 근대 적 지배라는 일반적 경험 속에서 그 위치를 파악할 수 없게 된다 는 점을 강조한다. 그래서 협력의 보편성을 통해 근대국가의 보편 적 성격을 도출해내는 방법론을 시사하려 한다. 두 번째 글에서 는, 최근 유행하고 있는 '개념사 연구'를 통해 민족주의와 근대주 의를 넘어서는 계보학적 시도의 가능성을 탐색하려 한다. 개념사 연구의 전복적 성격을 활용하여 에피고넨의 시대를 넘어서는 가 능성을 모색할 수 있으리라고 생각한다.

마지막 에세이에서는 2009~2010년에 일본의 '국제일본문화연 구센터'에서 겪은 경험을 정리해보았다. 일본 체류 경험을 통해 성립된 나의 시각을 '허심탄회'하게 드러내면, 한국의 식민주의를 극복하는 타산지석으로 삼을 수 있을 것이라고 생각한다. 이 문장 으로 이 책의 맺음말을 대신한 까닭이기도 하다.

IV

이 책에 실린 논문은 각종 '학술 잡지'에 게재된 것이다. 몇몇 글은 우여곡절을 거치기도 했는데, '학술 잡지' 심사에서 탈락했기 때문이었다. 한 잡지에서 탈락하면, 다른 잡지에 투고해서 다시 심사를 거치는 수고를 들이지 않을 수 없었다. 현재 대부분의 대학에서는 이른바 '등재지'에 게재된 논문이 아니면 제대로 된 논문으로 인정하지 않는다. 나의 논문이 탈락한 데에는 여러 가지 이유가 있겠지만, 아래 심사평을 통해 그 이유를 짐작해볼 수 있을 것이다. 다음 두 개의 심사평은 이 책에 실린 논문 한 편을 어떤 잡지에 투고했을 때 익명의 두 심사자가 내린 심사평이다.

"(전략) 이 논문을 읽고 난 느낌은…… '역겹다'는 것이었다. (후략)"
"필자가 자기 나름의 문제의식을 가지고 논지를 일관되게 전개하고 있으므로 특별히 보완할 점은 없다고 판단됨."

전자는 도무지 요점을 알 수 없는 긴 심사평을 '역겹다'는 말로 요약해버렸다. 자신이 속한 학문적 흐름과 다른 것과는 학문적 교류도 하지 않고 또 필요하지도 않다고 여기는 학계의 현실 속에서, '다른 진영(?)'에 속한 학문적 입장을 객관적으로 비평해야 하는 연구자조차 곧 자신의 적으로 규정해버린다. 나는 내 글이 상당히 심각한 반론에 부딪힐 것이라는 예상은 하고 있었다. 하지만 이토록 '비학문적'인 심사가 이루어질 것이라고는 생각하지 못했다. 이것을 어떻게 학술지의 심사평이라고 할 수 있겠는가? 후자의 심사평이 아니라면, 독자들은 내 글이 학술 논문의 기본 요건조차 갖추지 못하고 있는 것은 아닌가 하는 의문을 품을 수도 있으리라.

나는 이런 경험을 통해 한국 학계에 만연한 '식민주의'를 읽을 수 있었다. 자신의 학문은 '윤리적 우위'에 두고, 자신과 다른 입장을 윤리적으로 비판하는 것은 학문하는 자세가 아니다. 한국에서 아직도 이런 전前학문적 행위들이 판을 치는 것은 무슨 이유 때문일까? 자신의 학문적 행위를 비추는 거울이 저 멀리에 있거나, 자신의 내면에만 있기 때문일 것이다. 저 멀리 있거나 마음속에 있는 거울은 '거울'이 아니다. 다시 말해 눈앞에 두고 비춰볼 수 있는, 객관적 모습을 드러내주는 거울이 없기 때문이다.

인문학 위기론이 단속적으로 이어지고 있지만, 현재 한국의 인문학은 어떤 위치에 놓여 있을까? 2012년 4월 총선 이후에 한 '진보정당'에서 불거진 당내 분란을 보고, 어떤 노동계 인사가 다음과 같이 평한 적이 있다. "현장이 무너진 자리에 '종파'만 독버섯처럼 자란다"고. 그렇다면 한국의 학계에 대해서는 이렇게 말할 수 있으리라. "학문이 무너진 자리에 '독선'만이 독버섯처럼 자란다"고. 여기에 어떻게 학문적 '비판'이 들어설 수 있겠는가?

이런 심사 관행을 독선적이라고 평하는 것이 지나치다고 독자들은 생각할지도 모른다. 그러나 현재 한국의 이른바 학술 잡지는 '동종 업종'의 유사 전공에 종사하는 사람들이 상호 간의 심사를 통해 게재하기로 결정하는 구조다. 이런 구조에서는 자신과 학문적 입장이나 방법론이 다른 사람이나 그런 사람이 쓴 논문에 대해 독선적이거나 감정적으로 심사하기 십상이다. 또 이런 잡지에 실린 논문을 읽는 독자 수가 편당 평균 4명 미만이라는 미국의 조사도 있다. 이런 미국의 상황과 한국의 상황이 크게 다르다고 보기는 어렵다. 이른바 '동료 심사 학술 잡지Peer-reviewed Journal'에 논문을 게재하고 이를 바탕으로 승진과 정년 보장 심사를 행하는 관행이 과연 얼마나 타당성이 있는지, 정녕 학술적인 성과를 보장할 수 있는 방식인지에 대해 근본적인 재검토가 필요한 시점이다.

한국 인문학계의 상황이 동료 심사 학술 잡지조차 원활하게 운영할 수 없을 정도라면, 이를 어떻게 보아야 할 것인가? 정녕 한국의 인문학 수준이 천박할 뿐만 아니라 인문학계가 윤리적인 문제도 안고 있는 것일까? 나는 이런 난감한 시대를 '에피고넨의 시대'라고 명명할 수 있으리라고 생각했다. 그리고 '탈식민주의 상상과 실천'이 진정으로 필요한 시점일 것이다.

'뼈'만 앙상하게 드러난 논쟁적인 원고인데도 출판을 수락해준 도서출판 푸른역사 박혜숙 사장님과 편집부에 깊은 감사를 드린다. 또 '푸른역사'가 중심이 되어 운영하고 있는 '푸른역사아카데미'가 학계와 대중의 소통에 이바지하는 활발한 공론의 장이 되기를 기대한다.

2014년 5월 25일
윤해동

Towards a Histography of Post-colonial Imagination

contents

Chapter

식민주의의
성격

East Asian Colonialism

East Asian Colonialism

동아시아 식민주의의 근대적 성격
─ '예禮'로부터 '피血'로의 이행

한국의 학계나 사회에서 널리 사용되는 강점이라는 용어는 일본의 한국병합이 강제적인 점령이라는 사실을
지적하는 것을 넘어서 식민지배 전체를 지칭하는 개념으로 확대되어 널리 쓰인다.
하지만 식민지배를 강점과 같은 점령 상태로 보는 것은 지배 방식의 폭력성을 강조하는 데에는
효과적일지 모르지만, 식민지배를 단지 역사적인 일탈 상태로 만들어 식민주의의 본질을 흐릴 뿐이다.

'식민주의'라는 문제의식

한국이 병합되어 식민지로 전락한 지도 이미 100년을 넘어서고 있다. 100년을 지나가고 있는 '한국병합'이 21세기에 어떤 의미를 가질 수 있을 것인가? 한국병합 자체는 세계체제의 전환이라는 점에서나 한국이나 일본 사회의 변화 혹은 한일 관계의 성격이라는 점에서도 그다지 특별한 의미를 갖지는 않을 것이다. 이미 1989년 사회주의체제의 붕괴와 냉전의 해소로 인류는 미증유의 세계체제 전환을 경험하고 있다. 이러한 '체제 이행'은 다양한 방식으로 이미 그 얼굴을 드러내고 있다. 거대한 체제 이행의 상황 속에서 '한국병합' 100주년이 어떤 의미를 띤다면, 그것은 '식민주의'라는 측면에서'만' 그러할 것이다.[1] 한국병합 이후 100년이 지났지만 근본적인 의미에서 아직도 식민주의가 재생산되고 있다는 점에서, 나아가 식민주의를 새로이 인식하는 것이 대단히 시급하다는 점에서 한국병합 100주년은 심대한 의미를 지닐 것이다.

한국병합에 대한 한국과 일본의 일반적인 인식은 '강점'과 '합법' 사이의 거리 만큼이나 멀다. 한국의 학계나 사회에서 널리 사용되는 강점이라는 용어는 일본의 한국병합이 강제적인 점령이라는 사실을 지적하는 것을 넘어서 식민지배 전체를 지칭하는 개념으로 확대되어 널리 쓰인다. 하지만 식민지배를 강점과 같은 점령 상태로 보는 것은 지배 방식의 폭력성을 강조하는 데에는 효과적일지 모르지만, 식민지배를 단지 역사적인 일탈 상태로 만들어 식민주의의 본질을 흐릴 뿐이다. 식민지배를 강점으로 바꾸면, 비유컨대 '강점 아래서의 한국'에는 '박제화된 기억'만이 존재할 것이다. 식민지하에서 사는 사람들의 이야기는 사라지고, '앙상한 분노'만이 자리 잡게 되는 셈이다.[2] '앙상한 분노'란, 식민지배하에서 식민지민의 생활이 사라진 박제화된 기억을 향한 분노를 지칭하는 것이다. 요컨대 앙상한 분노란 구체성을 갖지 못하는 '추상을 향한 분노'다.[3] 식민지배라는 추상을 향한 분노는 그와 관련된 구체적인 '악'의 내용을 탈각시킴으로써 오히려 식민지배가 초래한 광범위한 '식민주의'를 면책해주는 역할을 수행하게 될런지도 모른다. 이것이 바로 아래에서 이야기할 '내면화된 식민주의'일 수 있다.

제국주의 지배의 당사자인 일본 사회의 일반적인 인식은 어떤가? 일본에서는 한국병합이 '합법'적이었다고 주장하는 언설이 정부로부터 교과서에까지 흘러넘치고 있다. 한국병합 과정이 합법적 형식을 취하고 있었는지 아니었는지를 둘러싼 한일 간 학계의 논쟁이 10년 이상 길고 지루하게 이어지고 있는 데에는, 한국병합에 대한 일본 정부와 사회의 천박한 이해를 우려하는 한국의 시각이 짙게 투영되어 있음을 부인하기 어렵다. 그런데 한국병합의 비합법성을 강조하는 논변은 다분히 동어반복에 지나지 않는다. 무릇 식민지를 영유하는 과정이 평화롭고 그야말로 실정법에 충실했던 사례가 있었던가? 식민지의 영유는 곧 폭력적 과정이었으며, 근대적 국제법은 강자의 질서를 반영하고 있지 않았던가?

2010년 5월 10일에 발표된 〈'한국병합' 100년에 즈음한 한일 지식인 공동 성명〉[4]에서 한국병합이 '조약'이라는 형식을 기준으로 볼 때 '불의부정不義不正한 행위'였음을 확인하는 데에 중점을 두고 있는 사실은, 이런 작금의 상황을 잘 반영하고 있다. 한국병합조약이 강제적으로 체결된 불의하고 부정한 행위였음을 확인하는 것은, 1965년 한일기본조약 제2조에 대한 한국 측의 해석 곧 한국병합은 1910년부터 이미 무효였다는 해석을 인정하는 것이다. 한국병합 100년에 즈음하는 모처럼의 양국 지식인 선언이 이 정도 수준에 머문 것은 아쉬운 일이라 하지 않을 수 없다. 일본의 지식인들이 한국의 지식인들과 힘을 합쳐 일본 정부에 한국병합이 강제적이었다고 인정하도록 요구하는 것이 의미 없는 일이라고 할 수는 없겠으나, 지금에 와서야 겨우 이 정도밖에 실천할 수 없는 현실은 어떻게 이해해야 할 것인가? 2010년 8월 10일, 일본 민주당 정권의 새로운 총리가 담화를 통해 "당시 한국인들은 그 뜻에 반해 행해진 식민지 지배에 의해 나라와 문화를 빼앗겨서 민족의 자긍심에 깊이 상처받았다"고 한 부분에 대해서는 지금까지 있었던 일본 정부의 어떠한 선언보다도 진전된 것이었다는 평가[5]도 있지만, 한국병합 100주년을 맞이하여 일본 정부의 식민지 지배에 대한 반성이 이 정도에 머무를 수밖에 없는 현실이야말로 식민주의적 상황을 반어反語적으로 보여주고 있는 것 아니겠는가? 이에 비해 한국병합 100주년을 맞이하여 '한국강제병합 100년 공동 행동'이라는 한일 시민운동 연합 단체는 〈식민주의 청산과 평화 실현을 위한 한일 시민 공동선언〉을 발표하여, '식민주의'는 근원적으로 반인도적인 범죄 행위라고 선포하고 한일 양국 정부에 식민지배 청산을 위한 구체적인 실천을 요구했다.[6] '공동행동'의 식민주의 청산을 위한 실천이 구체적인 성과를 거두기를 기대하는 마음 간절하다.

이 글에서는 동아시아 식민주의의 근대적 전환과 관련하여 다음의 두 가지 문제를 살펴보려 한다. 첫 번째로는 전근대의 중화질서로부터 일본을 중심으로 한 국제법체제로 이행하는 과정을 두 문명의 길항이라는 측면에서 살펴보려 한다. 두 번째로는 일본을 중심으로 한 동아시아의 근대 식민주의 이데올로기가 밖으로는 '동양주의', 안으로는 '동일화'라는 이데올로기로 포장되어 있었던 점을 살펴보고, 특히 동일화 이데올로기가 작동하는 방식을 중심으로 동아시아 근대 식민주의의 특징을 이해하려 한다. 위 두 가지 문제는 각각 사고된 적은 많지만 그것을 연속성의 측면에서 살펴본 사례는 그다지 많지 않았던 듯하다. 이 연속성을 해명함으로써 식민주의가 지닌 식민지 근대적 속성에 접근할 수 있고, 또 이를 통해 동아시아 식민주의의 현재성과 일상성의 면모가 드러나기를 바란다.

식민주의와 식민지 근대Colonial modern

19세기 제국주의자들이 보기에 문명화의 사명을 지고 있는 백인들과 다른 인종은 천성적으로 그 역할이 달랐다. 19세기 프랑스의 '휴머니즘' 철학자로 유명한 에르네스트 르낭은 다음과 같이 말했다.

놀라운 손기술을 가지고 있지만 공명심이 부족한 중국인들은 천성적으로 일꾼에 가깝다. 그러므로 정의의 이름으로 그들을 지배하라. 그들에게 놀라운 지배를 선사하는 대가로 지배종을 위해 풍성한 세금을 바치도록 하라. 그들은 기뻐서 춤을 출 것이다. 한편 땅 파는 데 어울리는 인종, 흑인! 그들에게는 친절하고 인간적으로 대접해주라. 바라는 대로 될 것이다. 지배자와 검투사로 태어난 인종, 유럽인! 이들을 흑인이나 중국인처럼 막 굴려보라. 틀림없이 반란이 일어날 것이다. 유럽의 반란은 거의 대부분이 영웅적인 삶을 살고자 하나 부르심을 받지 못해 그 기회를 상실한 무사들에 의해 일어났다. 그런 무사들에게 그들과 어울리지 않는, 다시 말해 그들을 훌륭한 무사가 아닌 하찮은 노동자로 전락시키는 일거리가 떨어졌을 때 반란은 일어났다. 그렇지만 우리의 노동자들이 일으킨 반란의 삶은 중국인들을 혹은 범부들을 행복하게 만들었다. 중국인들이나 범부들은 무사의 삶과 전혀 관련이 없으므로 각각 타고난 대로 삶을 영위토록 하라. 모두가 행복해질 것이다.[7]

르낭에게 인종 간의 '평등'을 실현하는 것이 백인에게 주어진 책무가 될 수는 없었다. 일꾼으로 그리고 농사꾼과 노동자로 태어난 여타 인종들이 타고난 천성적인 삶을 영위함으로써 행복해질 수 있도록 '지배'하는 것, 그리하여 불평등을 확장하고 법제화하는 것이 백인들의 사명이 되어야 했던 것이다.[8] 다른 인종을 지배함으로써 비로소 문명화의 사명을 달성할 수 있다는 것이 바로 르낭이 표방한 '휴머니즘'의 내용이었다.

프랑스령 마르티니크 출신의 에메 세제르는 유럽의 기독교 부르주아들이 내걸었던 휴머니즘을 '사이비 반휴머니즘'이라고 비난한다. 에메 세제르가 보기에, 휴머니즘이 오히려 반휴머니즘으로 귀결되는 메커니즘은 다음과 같았다. 세제르는 유럽 문명은 이미 야만화되어 있다고 여겼다. "좋든 싫든, 유럽이라는 막다른 골목 끝에는 히틀러가 있었다. 물론 내가 여기에서 말하는 유럽은 아데나워, 슈만, 비달의 유럽 그리고 그 외 몇몇 사람들의 유럽을 의미한다. 또한 나날이 시들어가는 자본주의 끝자락에도 히틀러가 있었다. 형식적인 인본주의와 그것의 철학적인 부정의 종국에도 역시 히틀러가 있었다."[9] 이러한 유럽 문명의 반문명화, 야만화는 바로 유럽의 식민주의가 초래한 것이었다. 그런 의미에서 식민주의는 '문명이라는 형식의 그림자'였다.[10]

바꿔 말하면, 문명의 그림자로서의 식민주의는 가장 문명화된 인간마저도 비인간화한다고 본다. 에메 세제르는 원주민에 대한 경멸과 그에 기초한 정복 사업은 불가피하게 그것을 이행한 사람조차 변모시킬 수밖에 없었음을 입증한다고 주장한다. "자신의 죄

의식을 달랠 목적으로 타자를 짐승 보듯 했던 식민주의자들은 종국에는 타자를 짐승 취급하는 주체가 되었을 뿐만 아니라, 급기야는 그 자신도 어느 모로 보나 짐승이 될 수밖에 없었다. 이것은 식민주의가 부메랑 효과로 나타난 결과다."[11]

이처럼 식민주의는 문명의 그림자였고, 자신에게 향한 부메랑이자 스스로를 야만화하는 날카로운 칼이었다. 그러므로 인간 문명에 새로이 그 모습을 드러내고 있는 '식민주의'를 니시카와 나가오는 크게 세 가지로 정리한다. 첫째, 지구화 시대의 식민주의는 '식민지 없는 식민주의'로 그 모습을 드러내고 있다. 둘째, 메갈로폴리스(세계도시)의 발전과 함께 '내부 식민지'라는 문제의식이 더욱 중요해지고 있다. 셋째, 국민주의의 진전과 아울러 '내면화된 식민주의'가 정말 심각한 문제가 되고 있다.[12] 현대의 식민주의는 식민지라는 대상을 동반하지 않은 채 국민국가의 틀을 넘어 확산되고 있으며, 더욱이 내면화되고 있다는 말이다. 여기에서 니시카와가 강조하고 있는 사실은 식민주의가 근대의 불가결한 구성 요소의 하나라는 점이다.[13] 이에 대해 '식민지 근대'라는 문제의식과 관련시켜 조금 더 구체적으로 검토할 필요가 있겠다.

제국의 중심부는 식민지 없이 존재할 수 없다. 마찬가지로 식민지 역시 제국을 제쳐두고 일국사─國史적 지평에서 이해할 수 있는 대상은 아니다. 그런 점에서 제국으로 상징되는 '근대', 또는 제국이 식민지에 강요하는 '근대'는 처음부터 식민주의적인 것이었다. 이런 측면에서, 근대를 어떻게 보든 간에 근대라는 규정 또는 발상과 '식민주의'를 처음부터 떼어놓고 생각할 수는 없다. 따라서

"근대는 본질적으로 식민주의다". 이는 근대성modernity과 식민성coloniality이 상호규정적이라든지, 어느 한쪽을 강조할 수 있는 문제가 아님을 의미한다. 이러한 근거에서 보면 모든 근대는 '식민지 근대'인 것이다.[14]

식민지 근대라는 개념은 근대를 새로운 각도에서 보되 식민성 혹은 식민주의를 통해 접근해보려는 시도다. 다시 말하면 근대를 유지하는 가장 강력한 외부로서 근대가 만들어낸 개념이 바로 식민성이라는 것이다. 그러니까 식민성 혹은 식민주의를 근대성과는 별도의 것, 혹은 '주어져 있는 것'으로 대상화시켜서는 안 된다. 근대 세계는 식민지와 식민성을 배제하고는 이해할 수 없는 세계다. 이런 점에서 식민지 근대라는 개념은 근대를 새로이 그리고 비판적으로 이해하고자 하는 시도이다. 그리고 식민지 근대란 식민지를 근대의 전형으로 바라보지만 근대를 비판적으로 재해석하려 한다는 면에서 탈근대적 개념화의 시도이기도 하다. 이처럼 근대를 넘어서고자 하는 근대 규정이라는 점에서 식민지 근대는 패러독스의 세계를 구성하는 것이리라.[15]

라틴아메리카 연구자인 월터 미뇰로Walter D. Mignolo는 식민성과 근대성의 관계를 다음과 같이 말한다. 세계사 속의 식민성은 대개 근대성으로 치장되어 있고, 근대 세계는 식민적 권력 매트릭스colonial matrix of power를 지배하려는 분쟁으로 점철되어왔다.[16] 그는 기존의 근대성 논의에서는 식민성이 '부재不在'해왔고, 그런 점에서 식민성을 근대성의 숨겨진 어두운 면을 지칭하는 것이라고 본다. 다시 말하면, 16세기 개척기의 식민지는 근대성의 이면이고, 유럽의 르네상스는 근대성의 표면인 셈이다. 그리고 유럽의 계몽주의와 산업혁명도 식민적 권력 매트릭스가 변화하는 역사적 순간에 파생된 식민성의 산물이라고 여긴다. 요컨대 미뇰로 역시 식민성이 근대성을 구성하고, 또 근대성에 의해 식민성이 만들어졌다고 강조한다. 그러므로 미완의 프로젝트인 근대성을 완성시키는 일은 다른 측면에서 식민성을 재생산하는 것을 뜻하게 된다.

근대성의 완성과 관련된 개념어로 '진보' 혹은 '경제의 발전'이라는 용어가 있다. 진보 혹은 발전이라고 하면 흡사 각 문명이나 사회 속에 숨어 있는 가능성이 해방되는 듯한 느낌이 들고, 그 가능성을 해방시켜주는 과정이 바로 '근대화'로 이해된다. 그러나 근대화 이데올로기는 대개 인위적으로 인간의 변화를 진행시키려는 '위장'으로서, 대개는 식민주의 이데올로기를 구성하는 하위 이데올로기로 기능한다.[17]

그러나 진보는 무자비하고 피할 수 없는 변화의 위협을 의미하며, 따라서 평화와 안식이 아니라 지속적인 위기와 긴장을 예고하여 단 한순간의 휴식도 허용하지 않는 개념이 되었다. 이제 진보는 무자비한 경쟁 속에서, 큰 기대치와 달콤한 꿈 대신에 '뒤처지게 되어 버림받을' 악몽으로 가득 찬 불면증을 유발한다고 비판받는다.[18] 이것은 바로 '근대화의 장밋빛 꿈'이 '내면화된 식민주의'로 변질되는 현실에 대한 적나라한 비판이 될 것이다.

두 개의 문명 – '예'로부터 '피'로의 이행

• 1 – '예'(사대)의 동요, 소중화

17세기 초반 중국 대륙에서 명·청이 교체되면서, 그때까지 명을 중심으로 유지되던 중화 질서의 운용과 성격에 큰 변화가 나타났다. 이夷인 청淸이 화華인 명明을 대체했다는 사실은 세계 질서의 전환을 상징하는 것이었다. 중화가 이적이 되어버렸다는 사실은 한편으로는 이적이라도 지금부터는 중화가 될 수 있다는 의미로 해석되었다. 이로 인해 중화 질서와 그 주변의 세계관은 근본적으로 동요하게 되었던 것이다. 조선과 청은 명과의 관계와 마찬가지로 조공—책봉의 의례가 겉으로는 유지되고 있었지만, 이미 '중화를 예로 섬기고, 주변을 덕으로 돌본다事大以禮, 字小以德'는 의례에 입각한 중화 질서는 내면으로부터 심각하게 흔들린 셈이다.

문명과 야만이라는 이분법적 위계에 바탕한 중화 질서는 자신의 주변에서 동일한 위계로 구성되는 또 다른 중화, 곧 소중화를 생산할 개연성이 있다. 중화 질서의 반주변에 위치한 왕조가 자신보다 야만의 상태로 간주되는 주변에 문명과 야만의 이분법적 위계를 강요하는 것은 어쩌면 당연한 논리적 귀결일 터이다. 고구려 이후 한반도의 역대 왕조는 소중화라는 반주변의 논리로 자신의 세계를 구축해왔다. '인신무외교人臣無外交', 곧 자신만의 독자적 외교가 인정되지 않았던 반주변부에서, 이를 거스르지 않는 선에서 자기중심적인 질서를 성립시키려 했던 노력이 소중화, 곧 '작은 제국'의 논리로 나타났다고 할 수 있겠다.[19] 하지만 일본이 '화이

변태華夷變態라 부른 17세기 동아시아의 '국제정치적' 사태는 조선을 비롯한 주변 속방(혹은 번속)에서 이전보다 더 뚜렷하게 소중화 사상이 등장하는 계기가 되었다. 화와 이가 그 모습을 맞바꾼 듯한 변화가 소중화 사상을 더욱 두드러지게 만들었던 것이다.

그런데 소중화란 지역적인 보편 질서인 중화주의 질서를 왕조 단위로 축소하여 내면화한 질서 관념이다. 소중화는 '소'라는 특수성을 지향하는 용어와 '중화'라는 보편성을 지향한 용어가 상호모순적으로 결합한 개념으로, 양자가 서로를 규제하면서 형성된 독특한 관념체계라고 할 수 있다. 곧 명=중화에 대한 숭배를 바탕으로 화이질서를 내면화한 관념이자, 상상적인 보편 질서의 틀 속에서 지역적인 특수 질서를 지향하는 관념이기도 한 것이다.[20]

한국 사학계의 일각에서는 소중화 사상을 일종의 원형 민족주의proto-nationalism가 형성되는 계기로 보고 적극적으로 해석하려는 경향도 자리하고 있다.[21] 소중화 사상을 '조선중화주의'로 명명하고 대명의리론에 입각한 노론 중심의 존화사상尊華思想과 척사론斥邪論이 지닌 민족주의적 지향성과 문화적 건강성을 높이 평가하려 하는 것이다. 이에 반해 정치학계에는 소중화 사상의 소극적이고 병리적인 측면을 강조하는 논리도 존재한다. '소중화주의'란 조선이 청에 대해 개발한 '아Q식의 독특한 정신 승리법'으로, 청에 대한 진정한 의미의 대책이 아니라 지배집단의 위신을 세우고 국내 정치질서를 안정시키기 위해 마련한 이념적 장치라는 것이다. 요컨대 소중화 사상은 조선의 지배층이 지나치게 중화주의에 중독됨으로써 나타난 현상이라는 뜻이다.[22]

그러나 명·청 교체와 아울러 부상한 17세기 이후 중화 질서의 변화를 그 변화의 과정에서 나타나는 부분적 특징을 중심으로 간단하게 해석해버려서는 곤란하다. 중화 질서가 현실적으로 이완되면서 소중화 사상이 강력하게 부상되었다손 치더라도, 중화 관념이 지역적·내면적으로 확장되고 고착되는 측면도 아울러 반영되어 있는 것이다. 또 19세기 중엽 청이 서양의 반식민지로 전락하는 시대가 되어서야, 대명의리론에 젖어 있던 조선의 지배층은 청을 중화제국으로 인정하고 그 힘에 의지하려 했다. 조선의 지배층도 위기의식이 높아지고 있었지만 어떤 적극적인 대응책도 제시할 수 없었다. 반면 그런 위기 국면에서도 향리에 세거하던 대부분의 유생들은 여전히 대명의리론에서 크게 벗어나지 못했으며, 부상대고富商大賈나 지방의 상인층도 적극적인 대응책을 내지는 못하고 있었다.[23] 물론 이 시기 조선이 조공체제의 형식에 충실히 따르고 있었더라도 사행무역에서 오는 커다란 이득을 챙기고 있었으며, 변경 분쟁을 완충해주는 폭넓은 공한 지대를 유지하기 위해 다방면으로 외교적 노력을 기울이고 있었던 점 등을 무시해서는 안 될 것이다.[24]

어쨌든 예로 표상되는 국제질서가 동요하며 드러난 소중화는 단순히 원형 민족주의 혹은 현실주의 국제정치의 문제로 환원될 수 있는 것은 아닌 듯싶다. 그것은 두 '문명'과 두 '세계관'이 충돌하는 문명사적 차원의 문제를 대비하고 있었던 것이다.

• 2 – 두 문명의 길항 – '예'로부터 '피'로

동아시아 사회의 전통적인 문명관의 중심에는 문文이 있었다. 그리고 명明은 문이 고도로 실현된 상태를 표현한 말이다. 따라서 문명이란 천지의 질서가 지고의 정치적 상태로 구현된 상태를 말하는 것으로, 이는 성인만이 감당할 수 있었고 그런 면에서 중국에서만 발양할 수 있었다. 중화 또는 하화夏華란 세계의 지리적 중심이자 문명적 정화임을 자임하고 표상하는 말이었다. 이에 따라 문명은 중국을 중심으로 전파되는 것으로, 중화 질서란 바로 문명의 교화와 아울러 그 위계성을 드러내는 것이기도 했다.[25] 한편 서양의 문명 담론 역시 보편성을 표방하고 있었지만 위계성을 바탕으로 삼고 있었다는 점에서 두 문명은 그 특징을 공유하기도 한다. 그러므로 중화 질서의 전통적 문명관과 기세 좋게 침입하고 있던 서양의 문명관은 충돌하고 길항하면서 공조하는 복합적인 국면을 연출해낼 수밖에 없었다.[26]

국제정치적 시각에서는 두 문명의 충돌은 두 세계관의 충돌이라는 측면을 가지고 있었다.[27] 두 세계란 바로 중화 질서와 서양의 '만국공법' 질서 즉 국제법 질서를 가리키는 것으로, 19세기 조선의 경우에는 조공–책봉을 중심으로 하는 현실적인 정치적 관계를 서구적 공법 질서에 비추어 어떻게 해석하고 조정할 것인가의 문제와 깊이 관련되어 있었다.

1840년대 청이 영국을 중심으로 한 자본주의 세계체제와 본격적으로 접촉하게 된 후, 특히 조선과 관련해서는 그 정치적 자율성을 어떻게 볼 것인가 하는 문제가 부상하게 되었다. 중화 질서

속의 조공-책봉관계를 종속관계宗屬關係로 볼 때, 그것은 국제법 질서에서 어떤 의미를 지니는 것인가? 조선 정부는 "조선은 청의 속국이지만, 내정과 외교에서는 자주"라는 입장을 견지하고 있었다. 다시 말하면 일본과 서양 각국에 대해서는 국제법 질서를 적용하여 '자주'적이지만, 청에 대해서는 조선을 보호해줄 것이라는 기대 아래 '속국'이라는 입장을 표방한 것이었다. 이는 강화도조약 이전의 교린과 종속에 각각 대응하는 것이었다.[28]

일견 혼란스러워 보이는 청과 조선의 태도에 대해 일본은 '모순적인 속국론'[29]이라고 비판하면서 이를 적극적으로 이용하려 했다. 일본은 청과 조선 사이의 종속 문제를 당시 동아시아에서 제국주의 국가 간의 교착된 국제 문제를 '파탄' 내는 방책으로 활용했던 것이다. 일본은 청일전쟁의 근본 원인 역시 청이 조선과의 종속 문제를 적극적으로 해결하지 않았던 데에서 찾을 수 있다고 호소하였다.[30]

이처럼 이 시기 조선을 중심으로 한 동아시아 세계에서는 속국, 자주, 독립이라는 개념이 상호 모순적이지는 않았다.[31] 하지만 중화 질서와 만국공법의 국제법 질서를 변용하여 조화시키는 것은 간단한 일이 아니었고, 결국은 1894년 청일전쟁이라는 형태로 강압적으로 조정될 수밖에 없었다. 청국과 일본의 충돌은 두 세계관의 충돌을 상징하는 것이지만, '속국 자주'와 '독립 자주'라는 두 방향의 충돌이라는 측면도 있다.[32] 다시 말해 중화 질서의 종속적 측면을 유지하려는 청과 국제법 질서 속에서 조선이 '독립'을 표방하게 하려는 일본의 의도가 충돌하고 있었던 것이다.

이처럼 동아시아의 국제질서는 중국 중심의 오랜 역사적 질서, 곧 중화 질서와 국민국가 중심의 공법 질서인 국가 간 체제 interstate system가 뒤섞여서 만들어진 것이었다.[33] 하지만 그 과정은 두 질서가 시간적인 순서에 따라 순차적으로 이어지거나 겹쳐지는 방식이 아니었다. 새로운 동아시아 질서가 구성되는 방식은 그보다는 좀 더 복잡하고 혼란스러웠다. 서양 제국주의가 먼저 청을 집중적으로 공격하여 중국 중심의 중화 질서적 위계를 약화시키거나 파괴했고, 일본의 제국주의적 발전은 그 결과 가능해졌다. 서양 열강과 일본은 서로를 이용하거나 연합하는 가운데 새로운 질서를 구성해가고 있었던 것이다.[34]

메이지 초기부터 일본에서는 아시아에 대한 관심이 높아졌지만, 특히 주목할 만한 움직임은 청일전쟁 이후에 본격적으로 나타났다. 그중 1898년에 다수의 유력한 정치인, 군인, 관료들이 고노에 아쓰마로近衛篤麿를 회장으로 추대하여 결성한 동아동문회를 주목할 필요가 있다. 동아동문회는 동문동종同文同種, 곧 동일한 문명과 혈통을 공유하고 있는 점을 아시아 연대의 근거로 내세웠다. 지나支那를 보전하고 조선의 개선을 돕기 위해서 일본이 주도적 역할을 수행할 필요가 있다는 것이었는데, 이를 전후하여 흑룡회 등의 우익단체도 동문동조同文同祖 등의 슬로건을 내걸고 아시아 침략에 나서게 된다.[35] 그러나 이때는 이미 전통적 중화 질서라는 의미에서의 중화 문명이 아니었다. 그런데도 굳이 '같은 문명'이라는 사실을 내세운 데에는 서구적 문명civilization 개념을 빌려 일본의 주도성을 강조하려는 의도가 놓여 있었다. 이런 점을 고려하면 동문보다는 동종을 강조하고 있었다고 할 수 있을 것이다.

　동문보다는 동종임을 강조하는 시대적 경향성은 이 시기 역사학의 동향을 살펴보더라도 명확하게 드러난다. 중화 문명을 중심으로 문명 개념을 앞세워 일본의 역사를 이해하던 19세기 후반 일본 역사학계의 '문명론적 아시아주의'는 1900년을 전후하여 탈아론적 경향성이 강화되면서 그 세력이 약화되었다. 그 대신에 등장한 것이 '일본 봉건제론'이었다. 고대 일본이 동아시아 문명의 압도적인 영향 아래서 문명의 길을 걷기 시작했다는 사실을 부정할 수 없었기 때문에, 일본과 동아시아 문명과의 동일성을 약화시키려면 천황제와 아울러 중세의 봉건제 성립을 강조할 수밖에 없었다는 것이다. 일본에 독자적인 봉건제가 성립했다는 점을 강조하는 것은 일본에도 서구의 중세에 비견되는 독자적인 문명이 나타났다는 점을 의미했다.[36] 이렇게 되어 일본의 문명은 중화 문명이 아닌 서구의 문명과 동일선상에 놓이게 되었던 것이다.

　한편 청일전쟁은 조선의 종속 문제를 중심으로 한 동아시아 내부의 문명 혹은 세계관 충돌을 반영한 전쟁이었던 데 비해, 러일전쟁의 배경에는 이미 공황열恐黃熱이나 황화론黃禍論 등의 인종 이론이 짙게 깔려 있었다. 또한 아시아의 다른 억압받는 유색인종에게도 러일전쟁은 인종 전쟁으로 여겨졌고, 나아가 그들에게 일본의 전승은 희망과 해방감을 주었다.[37] 이로써 유색인종을 대표하여 서구와 대결하는 '황색인종의 투사'라는 이미지와 아시아에서 서구 문명의 수용에 성공하여 서구를 추구하는 일본이라는 두 가지 이미지가 병존하게 되었다. 이제 일본은 명실상부한 제국주의

자의 면모를 지니게 되었던 것이다.[38]

　조선이 '속국 자주'로부터 '독립 자주'로 이행하게 된 역사적 계기가 된 청일전쟁은 다른 한편으로 '예'로 규율되던 조공–책봉체제의 전통적 중화 질서를 붕괴시키는 계기가 되었다. 국민국가 중심의 공법 질서가 그 공백을 대체할 것으로 기대했지만, 실은 일본을 중심으로 한 제국주의 질서가 그 모습을 드러냈다. 그 제국주의 질서를 상징하는 것은 동문동종을 기반으로 하는 동아시아 연대라는 슬로건이었다. 동아시아에서 '예'의 '중화 질서'로부터 '피'의 '국제 질서'로 이행한 것은 이처럼 제국주의적 '유혈'을 동반하는 것이었다.

일본의 동아시아 지배와 식민주의

● 1 – 두 개의 위계
일본의 식민지배는 제국주의 지배에 따르는 일반적 특성과 아울러, 일본제국주의의 특수한 성격을 반영하는 측면을 지니고 있다. 그러나 일본제국주의를 관통하는 지배 이데올로기, 다시 말하면 식민주의 이데올로기를 간명하게 그려내는 것이 쉬운 일은 아니다. 대개 식민주의 이데올로기는 은폐되고 위장된 채 작용하기 때문이다. 특히 후발제국주의 국가였던 일본은 서구 제국주의가 내걸었던 문명, 진보, 근대화와 같은 선명한 '사명 이데올로기'를 갖지 못했다.[39] 또 여러 형태의 식민주의 이데올로기가 제출되어 현

실에 적용되고 있었지만, 전체적인 목표나 비전에 의해 조정되는 것은 아니었다.[40]

일본제국주의의 식민주의 이데올로기는 선명한 사명 이데올로기를 갖지 못한 대신에, 동문동종이나 일선동조日鮮同祖 등의 슬로건을 내세워 역사적 기원을 소급함으로써 제국과 식민지가 동일한 문명이나 혈통임을 강조하는 방식을 주로 취하고 있었다. 예를 들어 메이지 이후 등장한 일본 민족 이론은 일본민족순혈론과 혼합민족론이 주기적으로 갈등하거나 대립하는 형세를 보이고 있었지만, 러일전쟁 이후 한국을 병합하기까지는 혼합민족론자들의 목소리가 훨씬 우세하게 된다. 이 시기에는 일선동조론 혹은 혼합민족론이 일본제국 민족 이론의 주류로 자리잡은 것이다.[41] 물론 이런 현상에는 일본의 침략을 합리화하기 위해 불가피한 면이 있었다.

다른 한편, 일본의 식민주의 이데올로기에서 중화 질서 관념이 완전히 제거되어 있었다고 보기에는 어려운 측면이 있다. 우선 한국을 병합하면서 메이지 천황이 발표한 조서에는 다음과 같은 구절이 있다. "짐은 천양무궁의 비기조基를 넓히고 훌륭한 예수禮數를 갖추고자 하니, 전 한황제韓皇帝를 책冊하여 황제로 하여금 왕으로 삼는다." 이 구절은 '새로운 조공·책봉체제'의 정점에 있던 일본의 천황이 청의 황제를 대신한다는 선언으로 이해할 수 있다.[42] 또 이는 1910년 8월 16일에 테라우치寺內正毅 통감이 이완용 총리 대신에게 전한 각서에 있는 다음 구절과도 통한다. "이 나라의 역대 왕조는 시종 정삭正朔을 이웃 나라로부터 받들고 가까이 일청

전역日淸戰役(청일전쟁-인용자) 전후까지는 왕 전하로 호칭되다가 그 후에 일본국의 비호로 독립을 선포하고 비로소 황제 폐하로 칭하기에 이르렀는데, 지금 태공太公 전하가 일본 황제의 예우를 받는 것은 십 수년 전의 지위에 비해 반드시 열등하다고 할 수는 없다."[43] 일본이 중심이 되는 새로운 '중화 질서' 속에서, 한국은 예전과 동일한 지위를 부여받게 되었음을 강변하고 있다. 제국주의 일본은 '중화 질서의 눈'으로 '국제법 질서라는 현실'을 바라보려 했던 것이다. 이런 조공-책봉 질서의 잔재는 식민지의 신부新附 신민을 천황의 적자로 간주하고, 일시동인一視同仁으로 대우하겠다는 선언으로 이어진다.[44]

하지만 이런 방식으로 구축된 식민주의 이데올로기는 식민지는 물론이거니와 제국 본국에서조차 쉽사리 동의할 수 없을 만큼 논리적 근거가 대단히 취약했다. 이런 이데올로기로의 취약성은 일본제국주의가 아직 지구 문화에 참여할 수 없었거나 뒤늦게 참여함으로써 이데올로기적 지체를 경험할 수밖에 없었던 사실과 깊은 관련이 있었다.

침략의 대상이 되는 지역과 동종의 문명이라거나 동일한 혈통을 가졌다고 주장하며 조공-책봉체제의 잔재를 간직하고 있는 일본제국주의의 식민주의 이데올로기는 식민지 지배가 구체적으로 진행됨에 따라 외부적으로는 '동양주의' 이데올로기로, 내부적으로는 '동일화' 이데올로기로 각기 그 모습이 정착되었다. 일제의 식민주의 이데올로기는 밖으로는 '동양주의'로 포장되어 있었으며, 안으로는 '근대화'(문명화, 즉 진보)와 '동일화'(동화 정책) 이데올로기가 길항하는 형태로 구성되어 있었다. 다시 말하면, 서구 제국주의의 일반적인 사명 이데올로기로서의 문명화(진보) 이데올로기가 특수 이데올로기로서의 역사적 동일성 이데올로기와 혼합된 것이 바로 일제의 식민주의 이데올로기였다고 할 수 있을 것이다. 이런 측면은 1910년 '일한병합조약'에서도 잘 드러나고 있다. 병합조약에는 한국 병합의 목적이 "(한일 간의) 상호 행복을 증진하며 동양의 평화를 영구히 확보"하는 데 있으며, 이를 위해 "한국의 일체의 통치권을 완전하고도 영구히" 양여한다고 규정되어 있다.[45] 한국을 '문명화'(행복 증진)하고, '동일화'(완전하고 영구히 양여)함으로써, '동양주의'(동양의 평화)를 추구하는 데에 그 이데올로기적 목적을 두고 있었던 것이다.

• 2 – 조선 지배와 식민주의

이런 맥락에서 일본제국주의의 식민주의 이데올로기를 외부적 측면인 '동양주의'와 두 가지 내부적 측면인 '근대화'(문명화, 즉 진보) 및 '동일화'(동화 정책) 이데올로기로 나누고, 그 상호작용을 통해 살펴보는 것은 유용하다. 내부적으로는 '근대화' 이데올로기와 '동일화' 이데올로기가 상호 길항하면서 구체적인 식민 정책을 규정하고 있었다. 일본제국주의가 내건 동일화 이데올로기[46]는 역설적으로 취약한 기반을 갖고 있던 근대화 이데올로기에 의해 견제될 수밖에 없었는데, 그 견제를 매개하는 기준은 '민도民度'라는 자의적인 척도였다.

민도란 무엇인가? 조선총독부는 병합 전후부터 조선인 정책의 기준으로 '시세時勢와 민도'를 내세웠다. 예를 들어 1911년의 조선 교육령에서는 일선동조를 내세워 조선과 일본의 역사적 동질성과 동화 정책의 필요성을 강조하면서도, 조선인 교육은 시세와 민도에 적합한 방식으로 제한해야 한다고 주장하고 있다. 그에 따라 조선인 교육은 '충량한 신민' 만들기에 집중했다.[47] 시세든 민도든 모두 그 처지와 상황에 따라 가변적인 속성이 있음을 감안하면, 민도라는 척도를 가지고 동일화의 수준을 조정하겠다는 발상 자체가 대단히 식민주의적이라는 사실을 직감할 수 있다. 일본인들이 고안한 민도라는 근대화의 척도는 차별을 호도하는 데 가장 유용한 개념이었다.

그런데 식민지 시기를 통틀어 '민도'는 조금 다른 차원의 두 가지 의미를 가지고 있었다. 하나는 '정체(성)'라는 의미였으며, 또 다른 하나는 그 내포가 확장되어 '민족성'이라는 의미를 가지기도 했다. 민도가 정체라는 의미로 쓰일 때, 그것은 식민지가 물질적으로 영위하는 수준이 낮다는 점을 뜻했다. 요컨대 식민지는 생산력이 낮고 생활수준이 저열했다. 이를 역사에 투영하면 조선은 중세 시대에 봉건제를 경험하지 않았으며, 그 연장선상에서 스스로 근대화할 수 있는 능력이 없다는 것이었다.

민도의 의미가 조금 더 확장되면, 식민지민의 민족적 특성을 가리키는 것으로 의미가 전위된다. 요컨대 집단으로서의 조선인의 성격적 결함을 지칭하는 것으로 의미가 바뀌는 것이다. 익히 알려져 있듯 경성제국대학 조선어문학과 교수를 지낸 다카하시 도루高橋亨는 사상의 고착, 사상의 종속, 형식주의, 당파심, 문약, 심미 관념의 결핍, 공사의 혼동, 종순, 낙천성 등을 조선인의 특성이라고 열거하고 있다.[48] 더욱 심각한 문제는 민도가 식민지민에게 수용될 때 일어나는데, 이것이 어쩌면 식민주의의 고유한 측면을 더욱 잘 반영한다. 그러므로 다카하시 도루의 조선민족 개조 논의와 이광수의 그 유명한 〈민족개조론〉의 거리를 탐색하는 것은 너무 진부한 작업이다.

다시 말해 제국주의 일본은 조선인의 '민도'라는 근대화(문명화)의 척도를 발명했고, 이를 통해 동일화 이데올로기를 '적절한' 수준에서 조정할 수 있었던 것이다. 또한 조선인의 민도라는 발명품을 통해 조정되었던 동일화 이데올로기는, 일본제국의 국가 정체성을 상징하는 '국체'와 식민지의 '동일화 수준을 드러내는 슬로건'의 두 가지 기준을 매개로 그 변화하는 성격을 이해할 수 있다. 한편, 내부 식민 정책 역시 외부 이데올로기, 곧 제1의 위계인 '동양주의'의 거시적인 변화에 규정되거나 상호 관련을 맺으면서 변화하고 있었다.

이제 이른바 '전간기'를 중심으로 일본의 조선 지배를 세 시기로 구분하여 식민주의 이데올로기의 변화를 살펴보고자 한다. 일제의 조선 지배는 1910년 한국 병합부터 1919년 3·1운동까지를 제1기, 1919년 이후 1937년 중일전쟁의 발발까지의 전간기를 제2기, 1937년 이후 1945년까지의 총동원 체제기를 제3기로 나눌 수 있다. 일본의 조선 지배에는 전간기를 전후한 세계사의 특성이 고스란히 반영되어 있었다.

1919년 이전, 즉 전간기 이전의 지배 정책은 '엉거주춤한 동화 정책'이라고 명명할 수 있다. 이를 조선판 '무장적 문비武裝的 文備'[49] 라고도 할 수 있을 듯하다. 일제가 내걸었던 '무단적 동화'라는 형용 모순에서 드러나듯, 이 시기에는 동화 정책의 토대를 구축하는 작업이 폭력적으로 추진되었다. 말하자면 조선인들의 민도 곧 문명화의 수준이 대단히 낮은 단계라고 보았기 때문에, 조선을 문명화하기 위한 제도를 정비하고 기반을 닦는 데에 지배의 목표를 두어야 했던 것이다. 잘 알다시피 이 시기에는 또한 '토지조사사업' 등의 여러 정책을 통해 식민지배를 위한 '근대적인' 경제적 토대가 구축되고 있었지만, 조선인에게도 일본인과 동일한 '국체國體'가 적용되어야 하는지에 대해서는 이노우에 테츠지로井上哲次郎와 같은 이데올로그에 의해 커다란 의문이 제기되고 있었다. 또한 동일성을 드러내는 이 시기의 슬로건을 보더라도, '내선융화'나 '일시동인' 등 현실로부터 유리된 그리고 동일성의 당위만을 강조하는 추상적인 수준의 것이었다.

이런 지배의 특성은 조선이 이른바 '최후의 식민지'였다는 점에서도 잘 드러난다. 다시 말하면 '19세기적 식민주의'라는 맥락에서 조선은 마지막으로 식민화된 지역이었으며, 여기에는 제1차 세계대전 이전의 폭력적인 식민지배의 특성이 잘 반영되어 있었다. 요컨대 자유주의 이전의 무단적이고 군사적인 식민지배가 노골적으로 시도되었던 것이다. 제1기의 식민주의는 이처럼 적극적인 문명화 곧 근대화를 위해 동일화를 유예하는 형태였으며, '동양평화'라는 슬로건이 식민주의의 대외적인 목표로 내걸려 있었다.

제1차 세계대전은 유럽을 중심으로 한 '공법(국제법) 질서'가 예기치 않게 해체되는 본격적인 서막이었다. 이와 관련하여 일본의 전간기 동화 정책은 하라 다카시原敬에 의해 '내지연장주의'라고 공공연하게 표명되었지만, 오히려 자유주의적 측면이 강했다. 이는 일본의 다이쇼大正 데모크라시의 긍정적, 부정적 측면을 동시에 반영하고 있는 것이기도 하였다. 자유주의적 식민주의 이데올로기는 짧게는 1919년부터 1931년까지, 길게는 1937년 전후까지 이어졌다.

조선에서의 3·1운동은 진정한 의미에서의 제1차 세계대전의 '전후' 곧 전간기의 경계가 되는 상징이었다. 3·1운동과 그를 계기로 활성화된 '문화운동'은 민족적(국민적) 정체성에 기반을 둔 근대적 집단 주체를 문화적 차원의 운동을 통해 형성하려 했다는 점에서, 일본의 다이쇼 데모크라시의 영향을 받은 것은 물론이려니와 세계사적 보편성을 띤 것이기도 했다. 이처럼 제국과 식민지의 상호 관련은 전간기의 세계사적 흐름을 반영하면서 점차 심화되었다.[50] 예컨대 식민지의 문화적 민족주의 운동이 다이쇼 데모크라시의 영향 아래 전개되고 있었던 것이 사실이라면, 역으로 다이쇼 데모크라시 역시 식민지의 동향에 명백하게 의존하고 있었다.[51] 일본에서 대두된 다이쇼 데모크라시의 자유주의적 분위기, 즉 정당정치가 정착되고 보통선거가 실시되는 1920년대의 흐름이 중반 이후부터 급작스럽게 냉각되기 시작한 것은 식민지의 흐름을 제외하고는 이해하기 어렵다. 1925년 국체와 사유재산 제도의 신성함을 강조하는 치안유지법이 제정되고 이를 바탕으로 억압적인 단속체제인 이른바 '치안체제'가 구축되는 데에는, 식민지 상황의 악화 곧 식민지 민족주의 흐름이 고양된 것이 크게 영향을 미치고 있었던 것이다. 치안유지법이 식민지에서 훨씬 혹독한 방식으로 확대 적용되었다는 사실은 지금까지 많은 논자들에 의해 지적되었다.[52] 식민지에서의 이런 흐름이 일본 본국에서도 유사한 방식으로 정착되었다는 것은 말할 나위도 없다. 요컨대 다이쇼 데모크라시가 종말을 고한 것도 식민지 상황이 제국 지배에 곤란한 방향으로 전개되고 있었던 사실과 무관하지 않았던 것이다.[53]

이 시기에 식민주의의 동일화 수준은 크게 강화되었다. 1930년대 초반 농업 공황의 파멸적 영향으로부터 벗어나기 위해 우가키 카즈시게宇垣一成 총독이 시작한 '농촌진흥운동'을 계기로, 식민지에서도 '국체명징國體明徵'이 강조되기 시작했다. 식민지도 제국과 동일한 국체를 공유하라니, 얼마나 '황공한' 일인가? 국체를 강조하는 이런 흐름은 물론 억압적인 치안체제의 강화와 함께했지만, '차별'의 철폐를 주장하는 흐름과도 맥락을 같이하는 것이었다. 그동안의 근대화 정책을 통해 식민지의 문명 수준인 민도도 높아졌기 때문에, 이제는 차별을 철폐해야 한다는 주장이 발언권을 얻기 시작했다.

1930년대 초반부터 '내선융합'을 주장하거나 '일선동조'를 강조하는 흐름이 차츰 대중화된 것 역시 이런 흐름과 그 궤를 같이한다. 병합 이전부터 일본인들 사이에서 대중화되어 있었던 일선동조론은 조금씩 그 형태와 내용을 달리하면서도 3·1운동을 전후하여 조선인들에게까지 더욱 확산되었고, 일부 학계에서도 설득력을 얻고 있었다.[54] 한일 양 민족이 역사의 이른 시기부터 혈통과

영역을 공유하고 있었다는 '사실'을 강조하는 이 이론은, 동화 정책을 추진하는 위정자들에게는 '양날의 칼'이었다. 자칫하면 동일성을 지나치게 강조함으로써 식민 정책의 수행에 차질을 초래할 가능성 또한 있었던 탓이다. 따라서 식민지에 제국의 국체를 강조하기 위해서 다시 말해 동일화의 수준을 높이기 위해서는 민도의 상승, 즉 근대화의 진전을 그 근거로 삼아야 했다. 이러한 상황에서 민도란 근대화의 척도로서, 동일화의 수준을 조절하는 근거로 적절히 이용되고 있었다. 식민주의 이데올로기에서의 근대화 곧 문명화란 이처럼 폭력적인 장치로 기능하고 있었던 것이다. 일본 제국주의자들이 일선동조론을 받아들이기 위해서는 민도가 높아졌다는 점을 인정해야만 했다.[55]

한편 일본에서 다이쇼 데모크라시의 흐름이 기울고 정당정치가 사라진 대신, 군부와 우익 파시즘이 대두하는 상황, 다시 말해 총력전 체제가 등장하고 제국과 식민지를 가로지르는 '총동원 정책'이 실시되는 상황 또한 식민지를 제쳐두고는 설명할 도리가 없다. 예를 들어, 1931년에 일본의 '만주 침략'이 식민주의의 위상에서 특별한 의미를 갖는 이유는 '15년 전쟁'이라는 알레고리allegory 때문만은 아니다. '만주국'이라는 독특한 근대국가를 수립하려는 상상을 통해서, 지구상 최초로 제2차 세계대전 이후 위성국가 모델을 수립하는 계기가 되었기 때문이다. 식민지배라는 측면에서 보면, 일본의 만주 침략과 '만주국' 수립은 독일의 '동유럽 식민화'로 상징되는 유럽에서의 제2차 세계대전을 훨씬 앞서 이룬 것이었고 전후의 세계 상황을 예고하는 것이기도 했다. 또 일본제국이

'만주국'에 가장 크게 기대하고 있었던 것은 제국의 총력전 체제를 확립하기 위해 만주의 산업을 개발하고 만주를 반혁명적 세계전쟁의 근거지로 구축하는 것이었다. 그러니 식민지 조선이 예외였을 리 없다.

1937년 이후 제3기의 동화 정책은 '동화적 총동원 정책'이라고 할 수 있었을 텐데, 여기에는 '조숙한 총동원 정책'이라는 측면이 있었다.[56] 중일전쟁이 확산되면서 식민지에도 총력전을 수행하기 위한 총동원 정책이 전면적으로 실시되었다. 그러나 식민지에는 총력전 체제, 즉 총동원 정책이 근본적으로 제국과 동일한 차원에서 시행될 수는 없었다. 물질적, 이데올로기적 조건이 결여되어 있었기 때문이다. 경제적이고 물적인 축적이 부족한 데다가, 인적 동원을 강행할 만한 정치적 조건도 갖추지 못하고 있었다. 다시 말해 근대화의 수준도, 동일화의 조건도 식민지에서 총동원을 강행하기에는 충분치 못했다. 이런 상황인데도 식민지에서 총동원 정책을 실시해야 했던 것은 제국과 식민지 양쪽에 모두 비극이었다. 조건을 갖추지 못한 상황이었지만 총동원 정책을 실시할 수밖에 없었다는 점에서, 이 정책은 명백히 '조숙'했고 실패를 예견할 수 있는 것이었다.

내지연장 혹은 내선융합의 연장선 위에서 '내선일체'라는 슬로건을 내걸고 추진된 황국신민화imperialization of the subject 정책은 조선인에게 제국의 국민으로 '합류'하는 특권을 부여하는 것이었다. 곧 식민지민에게 '황국신민'이 될 수 있는 특권이 부여되었고, 모든 차별은 부정되었다. 조선인이 일본인의 민도에 미달한다는 주장도 이제 인정받을 수 없었다. '조선'이라는 민족적 특성은 대개 부정되었고, 오직 '반도'라는 지역만이 인정되었다. 식민지와의 혈통적 결합('내선결혼')이 장려되었으며, 여러 방면에서 국체를 더욱 철저히 다질 것이 요구되었다. 그러나 이런 동화적 총동원 정책은 지배자든 피지배자든 흔쾌하게 인정할 수 없는 것이었다. 더욱이 식민지는 총동원에 뒤따르는 어떠한 반대급부도 충분히 감당할 수 없는 박약한 물적 조건만을 갖추고 있을 따름이었다. 식민지의 입장에서 본다면, 대단히 조숙한 총동원 정책이었을 뿐이었다.

식민지에 시행된 총동원 정책은 총력전을 수행하는 과정에서 조숙하게 시행된 것으로써 다분히 '우연의 산물'이었다. 식민지에 시행된 총동원 정책이 우연성에 의해 더 잘 설명될 수 있다는 사실은 식민지가 처한 정치·사회적 조건이나 지배자와 피지배자들 모두의 기대나 희망보다 훨씬 급속히 쌍방의 변화를 요구할 수밖에 없었다는 것을 의미한다. 요컨대 조선인들에게 황국의 신민이 되기를 강요한다는 것(황국신민화 정책)은 문명화, 즉 근대화라는 자의적인 잣대가 식민지 조선에서 더 이상 의미가 없어졌다는 것을 뜻한다. 또한 조선인들에게 자신들과 완전히 동일하게 될 것을 요구하는 지배자 일본인들에게도 그에 상응하는 대가를 요구하는 것이었다. 일본인들은 이제 자신들과 조선인들 사이에 차별이나 위계가 존재한다는 사실을 표면적으로는 더 이상 드러낼 수 없었고, 비동일성을 담보하고 있는 모든 제도와 메커니즘을 철폐할 것임을 공언하지 않을 수 없었다.[57]

동일화를 요구하는 식민 정책이란 이처럼 언제나 상대적일 뿐만 아니라, 쌍방향의 변화까지 요구하는 것이었다.[58] 동화 정책이 요구하는 변화를 정상적으로 수용하지 못할 때, 식민 정책은 파산 선고를 받게 된다. 하지만 그 변화를 적극적으로 수용한다는 것은, 아주 불편하게도 지배자 자신들에게 강요되는 변화도 받아들인다는 의미였다. 이를 '동일화의 역풍'이라고도 부를 수 있겠다. 식민주의가 국민주의로 이행한다는 것은 바로 이런 것을 의미하는 것으로서, 조선에서는 중일전쟁 이후 총동원 정책의 와중에서 실제로 이런 일이 일어나고 있었던 것이다.[59] 하지만 국민주의 그 자체도 국민화 과정nation-building에서 드러나는 포섭과 배제의 메커니즘에 의해 지배되는 것 아니겠는가? 국민주의가 식민지를 그 내부에 포섭하고 있는 것은 이런 이유 때문인데, 해방 전후 한국의 사정은 이런 정황을 잘 전시하고 있는 세계사의 쇼윈도처럼 보이기도 한다.

• 3 – 식민주의와 '동양주의'

일본제국주의는 구미 열강에 의해 문화적으로 식민화된 자기분열적인 제국주의로 출발했고, 이로 인해 일본제국주의는 하위 제국주의 혹은 지역 패권국으로 자리 잡았다. 이런 열등한 제국주의적 위상으로 인해, 일본제국주의는 미국 제국주의와의 헤게모니 경쟁에서 자신이 포섭하고 있는 식민지의 지리적·인종적·문화적 근접성을 반영하는 방식으로 그 모습을 드러냈다.[60] 제1차 세계대전을 전후하여 일본에서 '유색인종'이라는 자기인식이 강화되고, 이

것이 아시아주의 담론의 유행을 선도하게 되는 것도 이런 맥락에서 이해할 수 있다. 이 시기에는 아시아의 다른 민족들과 친근감이 강화되고, 이런 감각을 바탕으로 생생하고 체계적인 아시아주의가 성립되기에 이른다. 이에 따라 일본의 대국의식 혹은 아시아주의Asianism도 더욱 강화되었다. 러일전쟁 이후에 나타나 끈질기게 이어지는 '미일전쟁론'도 아시아주의 사상의 연장선에 놓인 것이었다.[61] 이처럼 1910년대 이후 배타적인 아시아주의가 강화되었는데, 여기에는 메이지 시대 이후의 구미협조주의와 근대화론에 대한 반발심이 반영되어 있었을 뿐만 아니라 이 즈음 일본의 대륙 침략 정책을 정당화하려는 의도도 개입되어 있었다. 물론 아시아주의가 일본 사회의 전 영역을 장악하고 있었다고 할 수는 없다. 이는 이 시기 일본의 아시아주의 외교가 전통적인 구미협조주의와 여전히 길항관계를 유지하고 있었던 점을 보아도 명확하다.[62]

열등한 제국주의 일본에서 유행하던 아시아주의 사상은 1920년대 이후에 신질서 모색기를 거쳐 곧바로 인종 전쟁이라는 형태로 폭발했다. 중일전쟁 이후 일본이 다시 서구와 적대하게 되었을 때, 일본은 스스로 '황색인종의 지도자' 혹은 '동양의 맹주'를 자임했고, 식민지에서 서구를 추방할 것을 호소하면서 '대동아전쟁'의 명분으로 삼게 되었다. 이리하여 태평양전쟁은 '귀축鬼畜(영미로 대표되는 서구-인용자)'과 '황색의 야만적이며 작고 교활한 원숭이'가 사정없이 서로 매도하면서 전의를 고양했던 인종 전쟁이 되었던 것이다.[63]

일본 식민 정책의 전개 과정에 비추어 볼 때, 이 시기에 일본이 또다시 '동양'(혹은 아시아라는 상상)으로 나아가고 '동양'을 침략하고 '동아신질서' 혹은 '대동아공영권'을 내세움으로써 동양을 상상으로부터 끌어내려 지상에 정착시키려 노력했던 것은, 지구 문화의 배치로 볼 때 어쩌면 필연적이었다고 할 수 있다. 동양(문화) 혹은 아시아라는 지정학은 일본제국주의의 취약한 식민주의 이데올로기를 보완하는 유일하고도 결정적인 대체물이었다. 일본제국주의는 그 이전에 서양의 사명 이데올로기를 대체할 수 있는 대안이 전혀 없었다. 단지 변형된 근대화와 이를 보완하는 동일화 이데올로기만으로는 침략이나 식민지화를 논리적으로 충분히 정당화할 수 없었다. 그러므로 동일한 문명과 기원을 가졌다고 주장하는 지역을 침략의 대상으로 삼을 수밖에 없었고, 그런 점에서 일본제국주의의 식민주의 이데올로기는 심각한 결함을 지니고 있었다. 이는 자신의(이 속한) 문명을 침략과 지배의 대상으로 삼을 수밖에 없었다는 면에서 불운했다. 다른 모든 식민주의 이데올로기와 마찬가지로.

21세기의 식민주의

동아시아의 질서는 서구로부터의 충격을 수용하면서 '예'의 질서로부터 '피'를 지향하는 힘의 질서로 이행해왔다. 다시 말해 '도덕적인 위계'를 바탕으로 삼는 '화이질서'로부터, 동등한 주권국가 사이에 이뤄지는 것으로 생각되는 '국가 간 질서'로 이행했던 것이다. 이에 발맞추어, 일본제국주의의 식민주의 이데올로기는 취약한 사명 이데올로기와 무딘 근대성의 수사학 그리고 그와는 대조적으로 노골적인 동일성의 논리로 구성되어 있었다. 하지만 식민성의 논리는 동양(아시아)을 향한 것으로 다시 위장되었다. 자신이 속한 문명을 침략하고 지배해야만 하는 역설 속에 일제 식민주의의 취약성과 기만성이 감추어져 있었던 것이다.

동아시아 식민주의의 바탕에 의제적인 '피'의 논리가 숨어 있다는 점을 간과해서는 안 될 것이다. 나는 일상의 식민주의를 비판하는 내재적 가능성을 발견하기 위해, 이러한 피의 이데올로기를 내면화한 동아시아 식민주의의 논리를 검토하려 했다. 그 시도가 성공했는지 여부는 차치하더라도, 근대적 식민주의가 형성되는 과정을 전통적 예의 질서로부터 연구할 필요성이 인정되기를 바랄 뿐이다.

식민주의는 전후 점령과 냉전에 의해 자연스럽게 유지되어왔다. 제국에서는 총동원 체제가 전후 복지국가 모델로 전환하는 토대가 되었다. 이것은 총력전 체제의 제국적 변용을 의미하는 것으로, 근본적으로 식민주의 청산이 불가능했다는 사실을 상징하는 것이기도 하다. '총력전 체제'를 구축하고 전쟁에 주도적으로 참가했던 모든 국가들은 전후에 조합주의적 복지국가를 구축했고, 그 국민들은 풍성하고 평온한 일상을 누릴 수 있었다. 그러나 식민지 지배에 대한 발본적인 책임 추궁이나 반성도 없었으며, 식민주의는 단지 과거의 '철지난 유행'으로 간주되었다. 이에 반해 제국주의적 총동원 체제가 어떤 의미에서 가장 '전형적'으로 발현된 곳이 식민지였다. 제국주의적 '서구'(일본을 포함한)와 같은 복지국가적 '포섭'을 실현할 힘을 지니지 못한 식민지에는 총동원 체제의 폭력적인 메커니즘만이 그대로 남아 확대·증폭되었다. 예컨대 남북한에서 지속적으로 이어진 준전시적 동원체제는 이런 총동원 체제가 잔존·확대된 형태라고 보아도 무리가 없다. 그런데도 후기 식민지 사회에서 총동원 체제의 기원이나 역사성에 대한 자각은 대단히 미약했다.

니시카와 나가오는 식민주의에 대한 견해를 다음과 같이 결론 내린다. "국민국가는 식민주의의 재생산 장치다. 또는 국민은 필연적으로 어느 정도 식민주의자다."[64] 근대 비판의 가장 심각한 대상이자 방법으로 국민국가를 동원하고 있는 니시카와가 국민국가와 국민을 식민주의의 담당자이자 재생산 장치로 보는 것은 어찌 보면 자연스러운 일이다. 하지만 니시카와가 이런 방식으로 지적하려는 진정한 핵심은 근대가 식민주의에 의해 지지되고 있다는 사실, 근대는 언제나 식민지 근대일 수밖에 없다는 사실이 아닐까?

현재 인류가 또 하나의 '전간기戰間期'를 통과하고 있다는 알레고리는 그 전환기적 특성을 더욱 선명하게 보여줄 수 있다. 어쩌면 지금 지구, 즉 인류는 한 세기 전에 맞이했던 전간기보다 훨씬 '더 심각한 기간'을 통과하고 있다. 우리 시대의 전간기는 냉전에 의해 전기적인 특성이 부여되었고, 앞으로 냉전을 넘어설 만큼 심각한 또 다른 전환기를 맞이하게 될 것이다. 현재의 전간기를 수놓고 있는 이데올로기 역시 이전과 마찬가지로 '자유주의'가 주류를 이루고 있다. 하지만 그것은 '변형된 자유주의', 곧 신자유주의다. 신자유주의는 자본과 시장의 자유만을 내세우는 폭력적 '자유주의'이며, '제국 대 테러'라는 새로운 지구체제를 구축하려 하고 있다. 이런 점에서 새로운 전환은 자칫하면 전후에 맞이하게 된 새로운 식민주의의 변형으로 귀결될 가능성이 있다. 한편, 한국을 비롯한 동아시아에서는 다양한 방식으로 '내부 식민지'의 문제, 즉 인종적 마이너리티 문제를 중심으로 다문화 사회가 초래하는 여러 현상들을 맞이하고 있다. 각각의 사회가 일국사적이고 식민주의적인 인식을 어떻게 내파시켜서 해체할 것인가? 현재 우리는 이런 심각한 과제에 직면하고 있다.

Chapter

에피고넨의
시대

The Age of Epigone
Korean 'Minjang' History
New Right History in Korea

The Age of Epigone

에피고넨의 시대,
'내재적 발전론'을 다시 묻는다

최근 10여 년 사이에 역사학계에서도 탈근대주의와
탈민족주의, 탈식민주의 바람이 거세게 불어닥치면서, 이에 대한 논쟁도 간헐적으로 이어졌다.
한국사학계를 중심으로 한 논의의 전개 상황을 살펴보면, 이른바 '포스트담론'에 대한 비판은 대개
'내재적 발전론'을 둘러싼 논의로 수렴되는 듯하다.

'에피고넨의 시대'

2006년에 발표된 본인의 글 〈'숨은 신'을 비판할 수 있는가?—김용섭의 내재적 발전론〉[1] 에 대한 비판이 2009년 서평의 형태로 김용흠에 의해 제기되었고,[2] 이에 대해 도면회의 반비판[3]이 한 차례 이어졌다. 이 양자의 공방을 두고 어떤 신문의 학술 담당 기자가 논쟁의 핵심 당사자(본인을 지칭)가 논의의 전면에 나서지 않는 것이 의아하다는 의견을 내기도 했지만,[4] 그 이유는 매우 단순했다. 김용흠의 글에는 학술적으로 깊이 논의할 만한 논점이 제기되어 있지 않았기 때문이다. 그 대신에 그 '서평'을 관통하는 나의 글에 대한 비판의 주저음은 적어도 내가 느끼기로는 '패륜아'를 대하는 바로 그런 감정이었다. 다시 말하면, 김용섭의 내재적 발전론을 비판하는 일은 가족적이거나 사적인 관계를 해치는 윤리적 차원의 문제인 것처럼 간주되었던 것이다.

　김용섭의 업적에 대한 사학사적 비평을 '패륜아'를 보는 심정으로 읽는 것이야말로, 김용흠이 역사학이 아니라 일종의 '신학'을 공부하고 있다는 반증이 아닐까?[5] 김용흠의 글을 읽고 난 후의 솔직한 심정은 그러했다. 내가 김용흠의 글에서 느낀 '패륜아'라는 느낌이야말로, 김용섭의 역사학에 부여했던 '숨은 신'이라는 은유의 설득력을 높여주는 것처럼 보였다. 하지만 문제는 그 비유가 온당한지 여부에 있지 않을 것이다. 어떤 대상을 신의 영역에 머물게 하는 감정, 즉 그 대상을 비판의 대상에서 배제함으로써 일어나는 더욱 심각한 문제는 사회적이고 개인적인 차원에서 학문적 인식이 지체될 수밖에 없다는 '엄혹한' 사실일 것이다.

하지만 '숨은 신'이라는 은유는 비유의 대상을 지시하는 것이 아니다. 사학사 연구가 종종 심각한 오해를 초래하는 이유도 바로 여기에 있는 듯하다. 어떤 역사학 연구자를 사학사 연구의 대상으로 삼는다는 말은 대상이 되는 연구자 개인만을 문제삼는 것이 아니다. 그 연구자가 살아온 시대적 맥락과 그를 받아들이는 현재적·사회적 맥락까지 염두에 두고 분석하고 비판할 수밖에 없는 것이 곧 사학사라는 연구 영역이다. '숨은 신'이라는 은유가 대상에 대해 간접적이라고 지적하는 것은 그 은유가 사학사적 대상의 현재적 수용에 관한 학문적 비판이라는 의미다. 그러므로 이 은유는 숨은 신을 거역하기 어렵다는 어떤 감각 또는 그와 관련한 인식의 지체를 옹호하는 현실과 깊게 관련을 맺지 않을 수 없다.

김용흠의 '모처럼의' 논평에 매우 감사하면서도, 그에 대해 직접적으로 반비평을 하려 하지 않는 것은 앞서 말한 이유 때문이다. 더욱이 그의 서평에는 학문적 비평에는 어울리지 않는 불필요한 언사와 감정을 절제하지 못한 흔적이 도처에 있을 뿐만 아니라, 나의 논문에 대한 오해와 곡해가 서평 전체를 지배하고 있다. 특히 이해하기 어려운 오해와 관련해서는 앞에서 말한 인식론적 지체로 여기지 않을 수 없는 부분도 많다. 그러므로 이 글은 김용흠의 비판에 대한 직접적인 대응은 아니다.

그런데도 반비평을 쓰고자 애써 마음먹은 것은 내재적 발전론을 시대적 맥락에서 독해하고 역사적으로 기여한 바를 재평가하기 위해서다. 그리고 내재적 발전론이 처한 궁지에서 헤어나 새로운 대안을 모색하는 과정을 게을리 할 수 없기 때문이기도 하다. 그런 면에서 새로운 대안이 내재적 발전론의 성과를 바탕으로 모색되어야 한다는 점을 새삼 강조할 필요는 없을 것이다. 새로운 대안은 언제나 자신의 모태를 비판함으로써 새로이 모색되고 구축될 수밖에 없다.

대개 지키려는 대상이 가장 혁명적인 성격을 가지고 있을 때, 그를 지키려는 과정은 가장 보수적일 수밖에 없는 경우가 많다. 가장 혁명적인 것이 가장 보수적인 것을 낳는 역설의 세계, 그것이 바로 에피고넨의 세계. 과연 우리는 지금 '에피고넨epigone의 시대'[6]를 통과하고 있는 것인가? 이 도저한 에피고넨의 시대에 내재적 발전론에 대해 다시 질문하지 않을 수 없다.

'근대의 생명력' 담론 비판

최근 10여 년 사이에 역사학계에서도 탈근대주의와 탈민족주의, 탈식민주의 바람이 거세게 불어닥치면서, 이에 대한 논쟁도 간헐적으로 이어졌다. 한국사학계를 중심으로 한 논의의 전개 상황을 살펴보면, 이른바 '포스트 담론'에 대한 비판은 대개 '내재적 발전론'을 둘러싼 논의로 수렴되는 듯하다. 앞서 언급한 김용섭의 역사학을 둘러싼 논의 역시 마찬가지다. 그리고 한국사학계의 내재적 발전론을 둘러싼 논쟁은 '근대' 논의와 '민족주의' 논의로 크게 나누어서 살펴볼 수 있을 듯하다.

물론 내재적 발전론만을 두고 논의를 진행하게 되면, 포스트담론과 관련된 많은 역사학의 논의들을 담을 수 없어서 매우 제한된 영역으로 국한될 가능성이 높다. 예를 들어 근대 역사학이 지닌 과학성과 서사성의 문제, 새로운 역사 연구로서의 문화사·미시사·일상사 등의 연구가 지닌 탈근대성의 문제, 궁극적으로는 근대 역사학의 정체성 문제로까지 이어지는 많은 논제를 포함할 수 없는 점은 명확하다. 그런데도 내재적 발전론을 둘러싼 한국 역사학계의 논의는 이런 문제와 이어진 인식의 기저를 이루는 문제이므로, 이를 '건너뜀' 수는 없다.[7]

한국 역사학계에서 탈근대 담론을 비판하는 선두격인 연구자는 김성보다.[8] 김성보는 탈근대 담론이 "한국 역사학계가 굳게 지켜온 내재적 발전론과 같은 분석 시각을 내면적으로 이해하기에 앞서서 조급하게 단순화시켜 비판·부정하고 있다"고 말한다.[9] 따라서 내재적 발전론의 논리에 의해 탈근대 담론을 비판하고 있는 것이다. 아래에서는 효율적으로 논의를 전개하기 위해 탈근대론 비판을 김성보의 논의만으로 국한하려 한다. 그런데 김성보의 논의가 탈근대 담론 비판을 대표한다고 할 수는 없다. 그런데도 그의 논의를 대상으로 삼은 이유는 그가 내재적 발전론에 강하게 집착할 뿐만 아니라, 사론史論 형식의 논문을 통해 그의 논의를 집약적으로 보여주고 있어서 반론을 전개하기가 용이하기 때문이다.[10]

• 1 – 근대 규정의 문제점

김성보의 탈근대 담론 비판의 논점 역시 근대 및 민족주의의 성격과 관련되어 있으므로, 여기에서의 논의도 이 두 가지에 의해 진행할 필요가 있겠다. 우선 그의 근대론은 근대가 다양성과 생명력을 가지고 있다는 주장으로 요약할 수 있을 법한데, 근대에 대한 규정은 대개 세 가지 접근 방식으로 특징을 드러낸다. 근대에 대한 요소적 접근, 정태적 접근, 위계적 접근이 바로 그것이다.

우선 근대에 대한 요소적 접근 방식에 대해 살펴보자. 김성보는 탈근대론자들이 "어째서 민족주의는 그토록 신랄하게 공격하면서 또 다른 근대의 산물인 민주주의에 대해서는 그토록 관대한지" 심각하게 의문을 드러낸다.[11] 말하자면 탈근대론자들은 자신들이 옹호하는 가치, 예를 들어 인권과 민주주의 그리고 다양성 등의 가치는 초역사적이고 보편적인 것으로 받아들이면서도, 민족주의는 인정하지 않는지 이해하지 못한다. 그는 "거대 담론을 부정하면서 보편적 가치를 말하는 것 자체가 모순이거니와, 만약 보편적 가치

를 말하려 한다면 그 담론에 대해 공정한 비판의 방식을 취해야 할 것"이라고 목소리를 높인다.[12]

요컨대 김성보는 근대를 이루는 요소 가운데 인권과 민주주의 등의 보편적 가치는 인정하면서도 민족주의와 같은 특수한 가치는 인정하지 않는 탈근대 담론을 이해할 수 없다. 이런 식의 이해는 근대를 구성하는 몇 가지 요소를 중심으로 근대를 이해하려는 발상과 깊이 관련되어 있다. 이는 다시 다음과 같은 이분법적 이해에서 가장 전형적으로 드러난다.

그는 근대를 기술로서의 근대와 해방으로서의 근대로 파악하는 월러스틴의 논의에 착안하여 근대성을 다음과 같이 정의한다. 도구적 합리성에 입각하여 생산성(곧 효율성)을 최대한 높이려는 가치체계와 모든 우상과 억압으로부터 자유롭고자 하는 가치체계가 공존하는 시대정신이 바로 근대성이라는 것이다. 그리고 이런 근대성이 전개되는 시대가 근대라고 이해한다. 또한 자본주의는 기술로서의 근대를 가장 전형적으로 실현한 체제이며, 자유민주주의는 해방으로서의 근대를 구현하는 체제라고 본다.[13] 한편, 자본주의와 자유민주주의는 근대 국민국가의 틀 안에서 강하게 결합하지만 인간 자체를 상품화하는 자본주의적 근대는 인간성의 소외를 낳았으며, 자유민주주의는 자본주의 체제가 재생산되는 데 정당성을 부여하는 제도로서 왜소화되었다고 간주한다.[14]

이처럼 그에게 근대는 자본주의와 자유민주주의 자체이며, 자본주의는 기술의 근대를, 자유민주주의는 해방의 근대를 상징하는 것이다. 이처럼 근대가 자본주의와 자유민주주의라는 경제적·

정치적 요소를 중심으로 구성된다고 보는 점에서 그의 이해는 요소론적 접근을 기본 토대로 삼는다.[15]

두 번째, 요소론적 접근 방식 때문에 그의 근대론은 필연적으로 정태적인 성격을 띠게 되었다. 그는 탈근대론자들이 탈민족주의를 주장하면서도 여전히 근대적 가치라고 생각되는 민주주의와 개인주의를 해결책으로 제시한다는 사실을 비판한다. 요컨대 탈근대론자들이 국민국가의 틀을 넘어선 전 세계적인 네트워크와 발전주의를 부정하는 에콜로지 정치를 주장하지만, 막상 그것들이 민주주의와 개인주의를 토대로 이루어져야 한다는 점에 대해 비판적이다. 그런 주장 속에서 근대적 가치와 탈근대적 전망이 충돌하고 있다고 보는 것이다.[16]

김성보에게는 근대를 구성하는 특징적인 몇 가지 요소들이 탈근대 시기 이후에 전혀 의미 없는 요소로 전락하게 된다. 근대적인 요소는 탈근대를 구성하는 요소와 선명하게 구분된다. 이처럼 정태적인 방식으로 탈근대 담론을 수용하고 있는바, 이는 기본적으로 요소론적 접근 방식 때문에 초래된 것이다.

셋째, 요소론적이고 정태적인 근대 이해는 필연적으로 근대에 대한 위계적 발상을 불러일으킨다. 그는 "근대에 아무리 한계가 있다고 하더라도, 현재 한국 사회는 탈근대보다 근대 자체의 완성이 더 시급하다"고 본다. 근대의 다양성을 풍부하게 복원하는 방법을 통해, 그리고 기술로서의 근대와 해방으로서의 근대가 한국 사회의 전개 과정 속에서 완성되고 그것을 토대로 궁극적으로 지양되는 길을 전망함으로써만 탈근대가 가능할 것이라고 주장한다.[17]

그에게 근대란 항상 어떤 모델을 향해 나아가는 과도기적 존재에 지나지 않는다. 근대는 자본주의와 자유민주주의라는 특징을 지니며 우선은 완벽한 형태로 그 모순이 극대화될 때까지 추구되어야 할 대상이다. 이것이 '근대의 완성'일 터이다. 하지만 그것은 국민국가의 틀 안에서 결합되어 많은 왜곡와 오류를 생산해내므로, 완성 단계에 도달할 때에는 극복하고 지양해야 할 대상이 된다. 물론 단선적인 시간의 선후관계로 정해진 것은 아니지만, 근대는 완성으로 향하는 단계와 극복을 향해가는 단계로 위계화된다.[18] 그가 주장하는 근대가 서구중심주의적인 요소론적 접근으로 인해 위계적 근대론으로 나아가는 것은 논리적으로 필연적인 듯하다.

• 2 – '근대의 생명력' 담론 비판

이제 김성보가 내세우는 근대의 생명력 담론을 살펴볼 차례다. 앞에서 보았듯이 그의 근대론은 매우 요소론적이고 정태적이며 위계적이지만, 그런데도 그는 근대가 다양성과 생명력을 갖고 있다고 주장한다. 그가 보기에, 근대 국민국가는 합리적 이성과 진보의 이름 아래 모든 가치들을 종속시켰으며 그를 통해 부르주아 계급의 이익을 최대한 보장해왔다. 즉, 자본주의와 자유주의는 부르주아 지배의 산물이라는 것이다. 그러나 그는 부르주아만이 아니라 그와 갈등을 겪은 수많은 비주류 또는 반주류의 사고방식이 함께 어우러져 근대의 다양성을 유지해왔다고 본다. 근대 국민국가가 지니고 있는 강인한 생명력은 자신이 선택한 주류적 사고방식과 충돌하더라도 체제 자체를 위협하지 않는 한 비주류 또는 반주류적 사고방식을 지닌 주민들을 국민의 틀 안에 포섭하는 데에 있다는 것이다.[19]

이처럼 김성보에게 근대는 다양성을 바탕으로 한 매력적인 생명력을 지닌 존재다. 하지만 근대가 그 내부에 존재하는 다양한 비근대, 반근대, 대안근대적인 존재[20]에 침투하거나 그를 배제·억압하면서도 포섭한다는 사실은 그동안 많은 담론과 이론에서 다양한 방식으로 논의되었으므로 전혀 새로운 내용이 아니다. 가까운 예로, 규율권력론이나 헤게모니론 등을 들 수 있을 것이다. 대부분의 탈구조주의 이론이나 탈근대 담론은 근대가 지닌 다양한 억압적·포섭적 성격을 가려내고 또 이를 비판해왔다. 그런데도 김성보에게 근대는 억압성이나 포섭성이 다양성과 생명력으로 보이는 것 같다. 그 역시 인정하듯이, 비주류와 반주류를 '국민의 틀 안으로 포섭'하는 근대의 힘이 왜 생명력으로 이해되는 것일까? 이를 어찌 '근대지상주의'라고 하지 않을 수 있는가?

이런 논리의 연장선 상에서 김성보는 근본적인 탈근대의 길을 걸으려면, 근대의 생명력과 다양성을 일단 인정한 다음에 그것을 뛰어넘을 수 있는 방법을 찾아야 한다고 본다.[21] 그러나 그가 말하는 근대의 다양성과 생명력이란 근대의 강력한 침투성과 포섭성을 다르게 부르는 것일 뿐이다. 곧 김성보는 근대의 억압성을 생명력이라고 주장하고 있는 것이다. 김성보가 상찬하는 다양성에 기반을 둔 근대의 생명력은 벌써 고갈된 지 오래다. 월러스틴을 중심으로 한 세계체제론자들이 근대를 넘어서서 새로운 체제로의 이행기에 들어섰다고 주장하는 것도 바로 이런 이유 때문이다. 근대의 생명력으로 보였던 자기 갱생의 힘이 실은 자본, 즉 근대의 포섭성 혹은 억압성이었다는 사실을 세계체제론자들 역시 지적하고 있다.[22] 그러므로 김성보가 주장하는 근대의 생명력이란 그저 근대의 억압성에 지나지 않는다.

김성보가 주장하는 '근대의 생명력' 담론은 '보편 근대' 혹은 '근대의 확장'에 관한 논의로까지 나아간다. 우선 그는 현대 한국 사회가 근대에서 탈근대로 넘어가는 과도기가 아니라, 특수 근대에서 보편 근대로 넘어가는 과도기에 있다고 본다. 김성보는 다음과 같이 주장한다. "식민지 피지배와 분단이라는 한국적 특수성 때문에 주권 회복과 통일처럼 워낙 거대한 담론이 사회의 의제를 압도해온 터라 개인의 인권, 자유, 개성, 다양성 존중 같은 좀 더 보편적인 근대적 가치는 주목받지 못했다."[23] 하지만 이것이 바로 김성보가 주장하는 한국적 근대의 생명력 담론의 본질이 아니겠는가? 김성보에게 근대란 이런 방식으로 비주류, 반주류가 억압되는 것이 아니었던가? 그런데도 그는 이를 특수 가치와 보편 가치로 다시금 규정한다. 그러면서 주권 회복이나 분단 극복 같은 것은 한국적인 '특수 가치'이고 개인의 인권과 자유 등은 인류의 '보편 가치'인데, 이제 특수 가치와 보편 가치를 함께 실현하는 단계로 넘어가고 있다는 것이다.[24]

김성보가 주장하는 근대의 생명력 담론은 이처럼 근대에 대한 위계적 파악으로 환원될 수밖에 없는 구조를 지닌다. 온당한 국민 국가를 만들지 못한 사회에서 인권이나 자유라는 보편적 가치를 말하는 것은 사치에 지나지 않는 것일까? 어째서 국가를 만드는 일이 특수한 가치인가? 국가를 만들지 못한 사회에서 사는 인간은 인권을 유보당해도 상관없다는 것인가? 왜 단계론적 방식으로만 근대를 이해해야 하는 것인가? 그렇기 때문에 김성보에게 근대의 특수 가치는 보편 가치에 뒤따르는 것이어서, 언제나 뒤처질 수밖에 없는 운명이다. 어째서 근대의 생명력을 높이 내세우면서도 완전히 거꾸로 된 위계적 이해로 자꾸 환원하는 것인가?

특수 근대로부터 보편 근대로 나아가는 길을 상정하는 것은 서구 근대의 압도적이고 본원적인 힘을 인정하기 때문인 듯하다. 더욱이 보편 근대라는 사고방식은 인류사적 동일성을 전제하는 것일진대, 이런 동일성에 기반을 둔 근대를 상정하는 것이야말로 대단히 권위적인 발상이다. 개별성을 억압하는 것으로 귀결될 가능성이 높은 '동일성의 정치'란 언제나 가장 강도 높은 폭력적 정치일 가능성이 농후하기 때문이다. 한국 사회가 지향해야 하는 가치가 왜 서구적 보편 가치인가? 서구적 보편성이 가진 폭력성에 대해서도 이미 많은 사람들이 지적했다. 월러스틴은 서구적 보편성의 폭력성을 넘어서 '보편적 보편'의 가치를 추구하자고 주장하고 있지 않은가?[25]

이런 면에서 그가 근대 적응과 근대 극복이라는 개념 쌍[26]을 근대 확장과 근대 지양으로 바꾸어 쓰려 한다고 선언할 때,[27] 이는 단지 사족에 지나지 않는다. 그는 자본주의와 국민국가가 근대의 절대적인 지표가 아니며, 근대의 다양성 중에 가장 흡인력이 강했던 형태라고 본다. 그리고 이 두 가지가 가장 긴밀하게 유기적으로 연결된 체제가 서유럽의 자본주의 국민국가 체제였다고 파악한다. 서유럽이 근대 세계를 주도할 수 있는 힘은 여기에서 비롯되었다는 것이다.[28]

김성보는 특수 가치를 대변하는 한국적 근대는 근대의 다양성 중에서 가장 흡인력이 강했던 서구의 근대가 대변하는 보편적 가치를 실현해야 하며, 근대를 확장하는 단계에 한국 사회가 처해 있다고 보고 있다. 근대를 확장함으로써 근대를 지양하자는 '기묘한' 발상은 수많은 사람들이 지나간 역사 속에서 이미 유사한 방식으로 주장했지만 모두 실패하고 폐기당했다. 그들의 낭만적인 사유는 대개 근대를 두고 벌이는 경쟁 혹은 자본주의 세계체제의 하위체제를 구성하는 실천인 경우가 대부분이었다.

김성보는 근대의 생명력을 말하지만, 그것은 근대에 위계론적으로 접근할 때 반드시 나타나는 근대에 대한 환상에 지나지 않는 것처럼 보인다. 그가 근대의 가치를 특수 가치와 보편 가치로 나누고 이를 동시에 추구하기 위해 근대를 확장해야 한다고 주장하는 것은 근대지상주의자의 면모를 드러내는 일일 뿐이다. 근대 확장과 근대 지양이라는 김성보의 사고 틀은 동시성과 비동시성이 공존하는 근대의 근본적인 성격을 기계적이고 위계적인 방식의 기묘한 분리를 통해 호도하는 것으로서, 근대의 옹호론과 통한다. 또한 근대를 하나의 귀착점으로 막연하게 설정하는 강력한 목적론처럼 보이기도 한다.

'통일민족주의'의 유효성 담론 비판

김성보의 통일민족주의 담론을 이해하기 위해서는, 한국 민족 형성과 민중민족주의에 대한 견해를 먼저 살펴볼 필요가 있다. 통일민족주의 담론은 대개 한국 민족 형성의 특수성과 민중민족주의에 대한 강조와 맞물리곤 한다.

우선, 한국 민족 형성의 특수성에 대한 그의 견해를 살펴보자. 김성보는 한국의 근대가 식민 지배자로부터 근대성을 수용하는 과정에서 형성되었다고 전제해서는 안 된다고 주장한다. 이는 외인론이라는 것이다. 개항을 전후한 조선 사회의 근대화 지향과 제국주의에 대한 투쟁 과정 속에서 형성된 근대성에 주목함으로써 비로소 온전하게 한국적 근대를 이해할 수 있다고 보는 것이다. 이런 맥락에서 "근대의 성립이 서구에서 먼저 이루어지기는 했지만, 그 근대적 지향성은 다른 지역에서도 전개되고 있었으며, 그 지향성 및 자체적인 전통이 서구적 근대와 충돌하면서 세계사적으로 다양한 근대적 양상을 낳았다는 점"을 강조하고 있다.[29]

그러나 김성보의 이런 논리에는 필연적으로 다음과 같은 질문이 따른다. 자본주의 세계체제를 내인론이나 외인론으로 구분할 수 있을 까? 세계체제에 의한 근대성의 전개와 형성 과정을 외인론이라고 차치해버리면 무엇으로 근대를 설명할 수 있을 것인가? 아직까지도 자본주의 맹아가 있었고 이를 바탕으로 한 한국적 특수 근대의 길을 가정할 수 있다고 주장하는 것인가? 근대성을 수용하는 과정에서 외인론이란 근대를 대상화하여 목적론적으로 설정할 때에만 성립하는 논리다.

한편 김성보는 세계사적으로 다양하게 발현하던 근대적 양상이 가장 두드러지고 특징적으로 드러난 것이 바로 민족의 근대적 형성 과정이라고 본다. 그러므로 그에게 민족은 근대적 삶의 가장 중요한 단위가 된다. 그는 한국에서 근대적 의미의 민족은 "전근대 시기에 장기간 지속된 단일국가 경험과 반외세 저항의 경험 속에서 그 기초가 마련되어, 개항 이후 근대 지향적 개혁의 흐름 속에서 신분제가 해체"됨으로써 비로소 형성되었다고 본다.[30] 그러므로 외인론적 경향을 가지고 있는 탈근대 담론으로는 한국적 근대의 특수성을 드러내는 민족 형성의 성격을 올바로 이해할 수 없게 된다. 김성보는 이런 점이 탈근대 담론에서 가장 취약한 측면 중의 하나라고 주장한다.

둘째 민중민족주의에 대해 살펴보자. 다음의 주장은 민중적 민족주의에 대한 정당성을 확보하는 근거가 된다. 한국의 "민중은 조선 후기 한말 이래의 민중운동의 강한 에너지를 계승하고 헌법적 정당성을 바탕으로 정당성이 결여된 집권층에 맞서 부단한 투쟁을 전개"해왔다는 것이다. 그리고 이런 투쟁을 통해 '거민居民' 수준에 머물러 있던 남한의 민중이 주체적인 국민으로서 스스로 지위를 획득했다고 주장한다.[31] 그러므로 서구의 근대국가가 '국민국가'의 형태로 정립되었다면, 제국주의에 대응하여 수립된 비서구 국가들은 일반적으로 '민족국가'의 형태를 갖추는 것으로 본다.[32]

그러므로 한국의 민중은 한말 이래의 투쟁을 통해 민족국가 수립의 중심 주체로 성장하고, 해방 이후에는 거민 수준의 정치적

의식과 정체성을 넘어서서 국민으로 성장했다는 식으로 그의 민족주의론을 정리할 수 있을 것이다. 이렇게 정리하고 보면, 당혹스러운 부분이 한두 가지가 아니다. 민중, 거민, 국민이라는 중복되는 정치적 주체의 상관관계를 먼저 정리할 필요가 있을 것이다. 그리고 이런 주체가 민족국가의 수립에 어떤 방식으로 관여했는지를 밝혀야 할 것이다. 이와 아울러 비서구 민족국가는 아직도 민족국가 상태에 머물러 있는지, 아니면 이제는 국민국가로 발전한 상황인지, 전자라면 정치적 주체로 성장한 국민은 어떤 존재인지, 후자라면 민족은 국민과 어떤 관계를 맺는 정치적 주체인지 등등의 문제에 대해 밝혀야만 할 것이다.

이쯤 되면, 이제 그를 민족주의 이데올로그로 불러도 무방하지 않을까 싶다. 투쟁하던 거주민들이 국민으로 성장하는 과정을 정당화하기 위해, 그는 국민 형성 과정에 숨은 엄청난 억압성과 폭력성에는 눈을 감는다. 그리고 그것을 단지 비서구 국가들이 저항적 주체를 형성하는 과정으로서 일방적인 정당성을 획득하는 근거가 된다. 하지만 비서구 '민족국가'의 민족이나 거민이 국민으로 형성되는 과정에서 엄청난 희생이 따랐음을 간과해도 될 것인가? 한국의 국민국가 형성 과정은 탈식민 투쟁과 내전 그리고 폭력으로 점철되지 않았던가?

이런 이데올로기적인 민족주의 인식의 바탕에는, 분단을 부정하는 통일민족주의가 깔려 있다. 그는 한국의 주민집단이 평화롭고 자주적인 삶을 살아가기 위해서는 분단을 극복하고 하나의 국민국가를 수립하는 것이 필수 전제이며, 그 과정에서 민족주의는 여전히 유효할 수밖에 없다고 인식한다. 즉, 민족주의에 입각한 남북통일과 민주주의에 입각한 정치·사회의 민주화가 동시에 진행되어야 하며, 그 완성태가 하나의 국민국가여야 한다고 주장하는 것이다.[33]

또한 통일의 전망이 없는 단순한 평화공존론은 한반도의 분단 구조와 동아시아 및 세계체제의 현상 유지에 불과한 것으로, 고상한 허구라고 강변한다. 하나의 민족이면서도 서로 정당성을 다투어온 남북이 각각 국민국가로서 완결성을 지니는 한, 현상적으로 평화롭게 공존하더라도 경쟁은 계속되고 그 과정에서 평화는 언제든지 깨질 수 있다는 것이다.[34]

이런 인식에는 그가 지닌 몇 가지 문제점이 그대로 드러나 있는 것처럼 보인다. 위계화된 근대 인식, 곧 특수 가치와 보편 가치를 반영하는 근대 또는 이를 바탕으로 한 근대 확장과 근대 지양이라는 이원론이 그 바탕에 깔려 있는 것이다. 그는 민족 형성과 민족국가 수립을 근대의 특수 가치라고 여기고, 아직 완성되지 못한 단일한 민족국가(혹은 국민국가) 수립과 보편 가치를 동시에 달성하기 위해 근대의 가치를 확장해야 한다고 주장한다. 이처럼 단일 민족국가 수립을 지향하는 통일민족주의는 위계적이고 이원화된 근대 인식에 기인한다. 하지만 '일민족 일국가론'에 기초한 근대국가 형성이란 오히려 세계사적 예외에 속한다는 사실을 지적해야 할 것이다.

한편 그는 한반도의 현 상황을 두 개의 국민국가가 경쟁하고 있는 것으로 이해한다. 드디어 비서구 사회 일반이 수립하는 민족국가를 넘어서, 두 개의 국민국가가 수립되어 경쟁하고 있는 상황이 된 것이리라! 남한과 북한을 온전한 근대국가가 아니라 일종의 결여태라고 보던 기존의 인식에 비해, 김성보가 한반도에 두 개의 국민국가가 경쟁하는 것으로 보는 것은 대단히 진전된 인식임이 분명하다. 그러나 그는 두 개의 국민국가가 완결성을 지니는 한, 평화공존이 깨질 가능성이 높다고 평가한다.[35] 어떻게 그러한가? 한반도에서 두 개의 국민국가가 경쟁을 지속하게 되면 그것이 평화의 파괴로 이어질 것이기 때문이다. 이런 전망은 오히려 한반도에 존재하는 두 개의 국민국가가 '완결성'을 지니고 있지 못한 데서 초래되는 현상이다. 그러므로 한반도 평화의 취약성을 극복하는 일은 두 개의 국민국가가 민족주의를 통한 경쟁으로 해결할 수 있는 문제가 아니라, 우선은 한반도 민족주의를 넘어서서 남북한이 국민국가로서의 외양을 갖춤으로써 좀 더 쉽게 해결할 수 있는 문제일 것이다.[36]

통일의 모습이 완결된 국민국가인가, 대안적 복합국가인가 하는 선택은 두 개의 국민국가가 만들어나가야 할 미래의 모습에 지나지 않는다. 우선은 한반도에 존재하는 두 개의 국민국가가 성취해야 할 과제가 '통일'이 아니라 '탈분단'이 되어야 하는 것은 이런 이유 때문이다. 탈분단이란 분단이 초래하는 억압성과 폭력성을 제거하는 것으로, 평화체제를 구축함으로써 두 개의 국민국가가 공존하는 상황을 만드는 것이 가장 중요한 과제가 될 것이다.[37]

지금까지 김성보의 탈근대 담론 비판이 근대의 생명력 담론과 통일민족주의 유효성 담론이라는 두 개의 큰 줄기를 중심으로 구성되어 있음을 살펴보았다. 요컨대 그의 논의는 지금까지 내재적 발전론이 근거로 삼은 두 개의 주요한 논리, 즉 위계화된 근대성론과 통일민족주의론을 바탕으로 내재적 발전론에 새로운 생명력을 부여하려는 시도라고 해석할 수 있을 것이다. 그리고 이런 방식의 쇄신 논의는 혼란 속에서도 다양한 방식으로 재생산될 것이다.[38]

'내재적 발전론'의 양면성

내재적 발전론을 대표했던 역사학자 중 한 사람인 강만길은 1978년에 《분단 시대의 역사 인식》[39]이라는 이름의 사론서를 발간했다. 이 책은 1970년대 후반부터 근 10여 년 이상에 걸쳐 대학 신입생의 필독서였으며, 금서 목록에 오를 정도로 이른바 '의식화 교재'로 여겨지기도 했다. 또한 그 이상으로 한국사 연구자들에게도 큰 영향을 미쳤던 것으로 보인다.

《분단 시대의 역사 인식》을 필두로 한 강만길의 사론서에는, 그가 스스로 '분단(극복)사학론'이라고 명명한 바 있는 역사 인식체계가 드러나 있다. 분단사학론은 민족의 분단을 해소하고 통일된 근대적 국민국가를 수립하는 것을 한국사 이해의 논리적 대전제로 삼는다. 통일된 근대 국민국가 수립이라는 과제가 한국의 근대 역사학만이 아니라, 전근대 역사학에서도 절대적인 전제가 되어야 한다는 것이다.[40] 이처럼 논리적으로 완결된 미래의 국민국가는 분단이 아니라 통일을 바탕으로 한 것이고, 분단은 현재적 문제로서 해결해야 할 가장 절대적인 장애가 된다. 이런 점에서 분단사학론은 내재적 발전론의 정치 이론으로 이해할 수 있을 듯싶다.[41] 또한 분단 문제를 중심으로 내재적 발전론의 민족 문제를 극단화시킨 것이라고 할 수도 있을 듯하다.

잘 알려져 있다시피, 1960년대 한국 사회에서 민족주의는 발언 자체가 불가능한 금기로 묶여 있었다. 더욱이 1970년대 유신체제 하에서는 관변의 체제민족주의가 분단민족주의로 횡행하면서, 현실은 통일을 거부하고 분단을 조장하는 엄혹한 상황으로 인식되었다. 1970년대에 분단사학론이 남한의 체제를 위협하는 위험한 논리로 여겨진 이유는 바로 여기에 있었다. 이런 1970년대의 현실은 곧 분단사학론의 특징을 구성하는 논리로 이어졌다. '적대적 공존'을 특징으로 하는 남북한 분단 상황 아래서, 이런 정의情義적이고 낭만주의적인 민족주의 이론은 특히 남한의 체제에 대해 허위적 공존의 이데올로기를 비판하는 기능을 수행할 수 있었다. 또 남한의 비이성적 반공이데올로기에 대해서도 비판의 목소리를 높일 수 있었다.

한편 분단사학론을 주장하는 사람들은 분단의 해소, 곧 통일된 국민국가의 원형을 과거에서 발견하려 했다. 이런 내적이고 논리적인 요구에 따라, 분단사학은 식민지하에서, 그리고 미국과 소련의 분할 점령하에서의 좌우파 민족주의에 의한 '합작', 곧 '통일전선'의 결성에서 민족적 통합의 논리적 원형을 발견할 수 있으리라고 해석했다. 그리고 식민지 시대의 신간회를 비롯하여 좌우합작을 위한 여러 가지 노력들, 해방 후의 '좌우합작'이나 '남북협상' 등 분할 점령의 해소를 위한 여러 노력을 높이 평가했다. 나아가 이런 노력에서 중심적인 역할을 했던 중간적 입장에 선 정치적 분파들이나, 중도 노선에 선 정파의 활동이나 정치 이론을 높이 평가했다.[42] 그래서 이전까지는 국민국가 수립 과정에서 무시되거나 배제되었던 좌파나 공산주의자들을 비로소 '민족'으로 적극적으로 호명할 수 있었다. 이런 점에서 반공이데올로기의 논리적 기반에 대한 문제제기로서는 대단히 훌륭한 역사적 역할을 담당했다고 할 수 있다.

하지만 분단사학론이 추구하던 이런 노력들이 냉전체제에 대한 비판적 인식이나 그 해체를 위한 실천적 인식으로 곧바로 이어지기에는 어려움이 있었다. 이는 기본적으로 분단사학론에는 냉전체제의 틀 속에서 분단을 비판적으로 인식할 수 있는 논리적 전제가 부재했기 때문이다. 이는 이 시기의 민족주의 이론에 바탕을 둔 민주화운동 일반과 같은 문제를 공유하는 것이기도 했다. 어떤 이유에서일까?

분단사학론이 주장하는 논리적 전제는 다음과 같은 것이었다. 근대 국민국가를 완성하지 못한 한국에서 국민국가를 완성해야 할 사명을 지닌 주체는 '분단'의 상황에서는 개인이나 국가가 될 수 없다. 그것은 선험적으로 선취된 민족집단이어야 하며, 그런 의미에서 분단은 민족의 분단이다. '선취된 민족'의 분단으로만 인식될 때, 두 개의 국가, 그것도 내전을 거친 적대적인 두 개의 근대 국가는 민족(또는 국민)국가일 수 없으며 그래서도 안 된다. 그 국가는 국가일 수 없으며, 이는 민족이 주체가 되어 완성시켜야 하는 미완의 결여태에 지나지 않았다. 이처럼 선취된 민족으로서의 민족주의 이론은 원초론적이고 낭만주의적인 '민족 이론'에 논리적 바탕을 둘 수밖에 없었다. 이런 논리를 바탕으로 냉전을 냉정하게 바라보고, 성찰적으로 분단에 접근하기는 대단히 어려운 일이었다. 분단사학론의 낭만적 민족주의는 식민지배와 분단을 거친 한국의 근대에 대한 비판이 철저하지 않은 데에 기인하는 것이었다. 이는 또한 '민족의 분단'을 '근대의 결여'로 파악하게 만들었던 것이다.

분단사학은 이처럼 두 얼굴을 가지고 있다. 분단사학이 가진 두 얼굴은 다음의 문제의식에 대응한다. 하나는 해방, 즉 분단 이후 분단 문제를 한국 역사학 속에 적극적으로 위치시키고 이를 통해 민족 문제를 환기시켰다는 점이다. 다른 한편으로 이런 역할을 통해 분단사학은 한국 역사의 흐름을 극단적인 일국사적인 전개로 간주하고, 이 속에 문제의식을 가두어버렸다는 이면을 가지게 되었던 것이다.

분단사학이 담당하던 전자의 역할을 다음과 같이 바꿔 읽을 수도 있을 것이다. 반체제적이고 저항적인 민족주의 이론이 국민 형성의 역할을 충분히 수행하고 있었던 역사적 상황을 분단사학이 잘 보여주고 있는 것이라고 말이다. 민족주의적 언설조차 억압하던 관변의 민족주의는 분단 문제를 배제함으로써 새로운 국민을 형성하려 했던 데 비해, 저항적 민족주의는 분단 문제를 통해 국민 형성을 촉진하려 했던 것이다. 이런 측면에서 아주 '역설'적이게도 분단사학의 긍정적인 측면은 바로 관변의 체제적 민족주의와 공모하는 측면을 가지고 있다.[43] 이를 역사의 간지라고 읽을 수 있을 것인가? 아니다. 이것은 분단사학 혹은 내재적 발전론이 지닌 양면성의 본질적 측면을 반영한다. 지금은 위계적이고 특수화된 근대 인식과 낭만적인 민족주의 담론으로는 어떤 현실도 뛰어넘을 수 없다. 다른 한편 분단사학이 초래한 부정적 측면, 즉 후자의 측면은 내재적 발전론을 옹호하는 사람들도 인정하고 있는 듯하다. 원래 내셔널 히스토리, 즉 '국사國史'라는 표현 자체가 일종의 형용모순에 지나지 않는 것 아니던가? 역사로서의 '히스토리'와 국가의 이야기로서의 '히스토리' 사이에는 엄청난 낙차가 존재하고 있다. 국가의 이야기로서 히스토리를 만들기 위해서는 많은 것을 망각하고 또 새로운 것을 기억해야 하기 때문이다.[44]

새로운 시각을 기다리며

이상으로, 내재적 발전론의 본래적 양면성이 최근의 탈근대 담론 비판 논의에서는 어떤 방식으로 새로이 전유專有되고 있는지, 그 논리적 전개를 역으로 거슬러가며 살펴보았다. 그 결과, 내재적 발전론(특히 분단사학)이 가진 두 얼굴 가운데서 극단적인 일국사적 전개를 중심으로 하는 통일민족주의적 측면이 강조되면서, 이와 같은 민족 문제에 관한 논리는 '근대의 생명력'을 강조하는 위계적 근대 이해에 그 토대를 두고 있다는 사실을 확인할 수 있었다. 당초 내재적 발전론의 역사적 의의는 그 시대성의 맥락에서 비로소 이해될 수 있다. 시대적 맥락을 놓쳐버린 채 어떤 이론을 이해하게 될 때 이론은 생명력을 잃어버린다는 것은 자명한 사실이 아니겠는가?

마지막으로, 근대, 민족주의, 역사 해석이라는 세 가지 논점에 대한 새로운 시각을 거론함으로써 이 논의를 마무리하려 한다. 우선 근대에 대해 살펴보자. 근대는 서구적이면서도 지역적인 것이다. 서구를 근대의 원형으로 간주함으로써 근대를 단일한 의미로 고정해서는 안 된다. 다시 말해, 이분법적 범주화가 지닌 폭력성을 간과해서는 안 된다는 것이다. 서구의 사회변동에 근거한 규범적 가치와 사회적 조건의 체계, 즉 근대성은 각 지역에서 수용될 때 지역적이거나 전지구적인 맥락에서 선택적으로 이용·재구성되거나 거부·회피되기도 한다. 그러므로 근대성은 단일하지 않지만, 서구적 근대성과 완전히 별개의 것도 아니다. 서구 근대는 일종의 헤게모니적 성격을 가지고 있다는 점을 인정할 수밖에 없는데, 도구화된 이성, 자본주의 경제, 부르주아적 대의정치 제도와 개인의 자유와 평등이라는 이상적인 가치가 그것을 구성한다. 그런데도 헤게모니적 요소들은 지역적 맥락에서는 그 헤게모니적 성격을 변화시킬 수밖에 없다.

요컨대 근대는 이분법적으로 범주화할 수 있는 대상이 아닐뿐더러, 식민주의와 동떨어진 것도 아니다. 근대가 생명력을 가지고 있다거나 근대에 적응하거나 근대를 확장할 필요가 있다고 주장할 때, 근대는 식민주의를 표상하는 것으로 귀결될 따름이다. 근대는 식민주의와 동일한 속성의 양면을 구성하는 것이자, 상호 재생산의 관계를 맺고 있다.[45] 오히려 대안적 근대성은 근대성의 다원성과 중층성을 인정함으로써 획득할 수 있다. 서구적 근대성과 비서구적 근대성에 각기 보편성과 특수성의 지위를 부여하는 것이 아니라, 근대성은 본원적으로 식민지성을 띠고 있을 뿐만 아니라 근대성 자체도 다원적이라는 점을 인정할 필요가 있는 것이다.[46]

다음, 민족주의에 관해 살펴보자. 김성보는 한국의 역사학계가 '민주화 시대의 역사학', '통일 시대의 역사학', '21세기 미래 지향의 역사학'으로 나아가야 한다고 주장한다.[47] 하지만 위계화된 근대 인식과 통일민족주의에 기반한 내재적 발전론을 성찰하여 극복하지 않은 채, 통일 시대 미래 지향의 역사학을 개척할 수 있겠는가? 여기에서 우리는 "인종주의(혹은 민족주의)를 거론하지 않는 근대란 기껏해야 농담에 지나지 않는다"[48]는 사카이 나오키酒井直樹의 다소 진부하지만 단호한 발언에 주목할 필요가 있다. 서구 근대 담론에서 계몽주의 이래 종적種的 담론이 유적類的 담론을 압도해왔다는 것은 낭만주의나 역사주의 이래 계몽주의와의 대치 구도 때문에 선명히 드러나지 않았던 측면이 있었다고 할지라도, 도저히 은폐할 수 없는 사실임에는 분명하다.

통일민족주의 혹은 분단 극복을 내세우는 내재적 발전론에 입각한 역사학은 역사주의의 이름 아래 종적 담론의 체계를 자신의 정체성으로 내걸고 있는 이데올로기라고 해도 과언이 아닐 것이다. 이러한 측면에서 보면, 이것이 역사주의 이래 개성과 특수성이라는 이름 아래 계몽주의적 보편성, 즉 유적 인간의 보편성을 부정하려 했던 근대 역사학의 조류임에는 틀림없지만, 서구 역사주의 일반과는 달리 종적 존재로서의 특수성을 은폐하려는 어떤 노력을 동반하지 않은 채 근대 역사학이 추구해야 할 구성체계의 엄밀함을 슬로건 아래에 종속시켜버렸다는 데에서 그 진부함이랄까 특수성을 찾을 수 있지 않을까 한다.

이런 측면에서, 앞서 살펴본 김성보의 근대 인식과 통일민족주의론은 선학들의 내재적 발전론(분단사학론을 포함하여)보다 명백히 퇴행적인 것임을 알 수 있다. 정녕 우리는 에피고넨의 시대를 통과하고 있는 것인가? 이런 점에서 김성보가 "탈근대론 및 그와 연관된 식민지근대성론, 대중독재론은 한국 근현대사의 흐름을 내면에서부터, 아래로부터 이해하는 데에는 아직 많은 문제점을 노출하고 있으며, 그 점에서 민족사학과 민중사학이 여전히 저력을 발휘하고 있음을 읽을 수 있다"는 주장에는 어떤 근거도 없음을 미루어 짐작하기가 어렵지 않다.[49] 단지 그가 주장하는 민족사학, 민중사학은 아직도 이분법적 세계에 갇혀 있을 따름이다.

마지막으로 역사 해석에 관한 지적이다. 김성보는 역사적 사실이 복합성을 가지고 있다고 주장한다.[50] 역사에서 객관성을 가지는 것은 파편화되어 있는 개개의 사실들이라는 것이다. 그 사실들을 엮어서 하나의 상을 그려내는 과정, 즉 역사화 과정은 현재를 살아가는 사람들의 주관을 매개로 하지 않을 수 없지만, 아예 객관적 사실에 부합하지 않은 경우에는 '오답'으로 처리해야 한다고 강변한다. 만약 탈근대론자들의 견해처럼 아예 객관적 사실을 인정하지 않는다면, 어떠한 역사 왜곡도 역사 해석의 다양성이란 명분 아래 용납될 수밖에 없다고 우려하는 것이다.[51] 하지만 이런 주장 속에서 실증주의를 내세우는 지식 권력이 휘두르는 '역사적 사실에 대한 물신적 숭배'라고나 할만한 '무지막지하고 둔중한 무기'를 읽지 못한다면, 그는 매우 무딘 역사학자가 될 것이다.

'사실의 복합성'이란 실증주의적이고 상식적인 역사학이 입각하고 있는 역사학의 객관성에 대한 신화를 바탕으로 하고 있다. 이 주장에 따르면, 역사학의 객관성은 사실에 대한 새로운 해석을 통해 얻을 수 있고 새로운 해석은 사실이 가진 복합성에 의해 가능해질 것이다. 그러나 이는 사실과 객관성의 인식체계를 완전히 거꾸로 전도시켜놓은 것이다. '해석의 복합성'이 '사실의 복합성'을 가능하게 한다는, 아니 더욱 정확하게 말하면 '해석의 다원성'이 '사실이 복합성을 가지고 있다'는 착시를 불러일으킨다는 것이 진실이다. '해석의 다원성'을 '사실의 복합성', 나아가 '사실의 객관성'으로 퇴행시킨다면, 어디에서 '파랑새'를 찾을 수 있을 것인가? 실증주의자들이 사실의 객관성을 도피처로 내세우는 한, 어디에서도 안식처는 찾을 수 없을 것이다.

Korean 'Minjang' History

일본에서의 한국 민중사 연구 비판

일본에서 한국사를 연구하는 행위는 우선적으로 일본 역사학계에 속한 채 일본의
역사학 연구 방법론을 준거틀로 사용하며 그 연구 성과에 귀속된다는 것을 의미한다. 이는 한국에서
일본사를 연구할 때 부딪히는 상황과 마찬가지로, 외국사(학) 연구가 갖는 일반적인 성격과 관련되어 있다.
한국의 일본사 연구자는 일차적으로 한국 역사학계에 소속되어 있으며,
한국 역사학계의 일반적인 역사학적 '문법'에 따르는 것과 마찬가지인 것이다.

'외국사로서의 한국사' 연구가 갖는 의미

일본에서 한국사를 연구한다는 것은 어떤 의미를 가지고 있는 것일까? 이 글의 과제는 현재 일본에서 진행되고 있는 한국 근대사, 그중에서도 민중사의 연구 동향을 파악하고 비판하는 일이다. 그런 과제를 수행하기 위해서는, 위의 질문과 숙명적으로 대면하지 않을 수 없어 보인다. 무슨 이유 때문인가? 하나는 타국에서 외국사(학)를 연구하는 일의 일반적인 성격과 관련되어 있다. 또 다른 이유는 '일본'에서 외국사, 특히 '한국사'를 연구할 때 부딪히지 않을 수 없는 특수성과 관련되어 있다. 조금 더 구체적으로 살펴보자.

재일조선인 역사학자 조경달趙景達은 일본 역사학계에 속해 있는 연구자로서, 자신의 연구는 일본의 '민중운동사 연구' 방법론을 따르고 있음을 명확히 밝히고 있다.[1] 조경달이 말하고 있듯이, 일본에서 한국사를 연구하는 행위는 우선적으로 일본 역사학계에 속한 채 일본의 역사학 연구 방법론을 준거틀로 사용하며 그 연구성과에 귀속된다는 것을 의미한다. 이는 한국에서 일본사를 연구할 때 부딪히는 상황과 마찬가지로, 외국사(학) 연구가 갖는 일반적인 성격과 관련되어 있다. 한국의 일본사 연구자는 일차적으로 한국 역사학계에 소속되어 있으며, 한국 역사학계의 일반적인 역사학적 '문법'에 따르는 것과 마찬가지인 것이다.

한편, 조경달은 다음과 같이 말하기도 한다. "일본의 민중운동사 연구도 아직 발전하는 단계에 있다. 한국의 민중운동사 연구와 서로 자극을 주고받으면서 발전해나갈 수 있기를 바란다."[2] 그는 재일한국인으로서 자신이 수행하는 한국사 연구는 일차적으로 일본의 민중운동사 연구에 속해 있지만, 한국의 민중운동사 연구와도 깊은 관련을 가지고 있다는 점을 강조하고 있다. 일본학계의 외부에서, 즉 한국사학계의 일반적인 입장에 서서 바라볼 때, 이런 언술은 대단히 기이하게 보이기도 한다. 자신의 연구가 한국학계와는 2차적으로만 관련되어 있는 것으로 간주하고 있는 것이다. 그런데도 자신이 일본과 한국 학계가 서로 자극을 주고받을 수 있도록 매개적인 역할을 수행할 수 있다는 자부심을 굳이 감추지 않는다. 조경달은 갑오농민전쟁을 중심으로 한국의 민중운동사를 공부하게 된 원초적이고 소박한 계기를 자신의 '재일 경험在日經驗'에서 찾는다. 자신이 "조선인의 피를 타고났음에도 일본에서 태어"난 것은 식민지배의 부산물에 다름아니며, 조선 민중의 역사적 특질을 규명하는 것은 자신의 삶의 기원을 밝히는 것과 동등한 지위를 갖는 일이라고 본다.[3]

그렇다면 조경달에게 한국사 연구는 어떤 의미일까? 그것은 일본 역사학계에 발을 딛고서 자신의 삶의 기원을 해명하는 작업을 의미한다. 그런데 이는 재일조선인 역사학자로서 조경달이 지닌 특수한 성격을 반영하는 것일 수도 있다. 과연 그러할까?

일본에서의 한국 근대경제사 연구를 이끌고 있는 마쯔모토 다케노리松本武祝는 자신의 연구에서 '동시대성'이라는 매개항을 '식민지 근대' 연구의 가장 중심적인 개념으로 설정하고, 연구의 출발점으로 삼는다.[4] 식민지에 동시대성이 관철되고 있었다는 주장은 제국과 식민지가 동일한 지평에서 서로 얽혀 있었다는 인식을 드러낸다. 이런 인식은 조선이라는 식민지가 국민국가 일본의 근대와 무관하다는 문제의식을 넘어선다. 이와 아울러 인류학자로서 한국사를 연구하고 있는 이타가키 류타板垣龍太는 '식민지 근대'를 둘러싸고 논의되어야 할 과제 네 가지를 들고, 그 가운데 하나로 책임 문제를 설정한다.[5] 식민지 근대는 일본인 연구자에게는 책임의 문제이기도 한 것이다. 이런 새로운 문제의식들은 최근 유행하고 있는 제국사帝國史(Imperial history) 연구의 문제의식과도 관련이 있겠지만, 이처럼 일본에서 한국 근대사 연구란 일본의 근대, 나아가 동아시아의 근대와 깊은 관련을 가진 것으로 간주된다. 설사 일본인이라 하더라도 한국사 연구는 외국사 연구 일반의 속성을 넘어설 만큼 깊은 연관을 가진 것으로 변화하고 있다는 말이다.

그러므로 조경달과 같은 재일조선인 연구자들이 한국인의 입장에 서서 한국사를 연구하고 있을 것이라는 외부나 한국의 막연하고 순진한 기대는 완벽하게 배반당한다. 재일조선인 역사학자라도, 일본 역사학계에 소속되어 있는 일본의 역사학자라는 정체성이 일차적이라는 사실을 확인하게 되는 것이다. 한편, 마쯔모토와 이타가키는 일본인 학자에게 기대되는 대상화되고 객관화된 한국사 연구를 거부한다. 그들은 한국사 연구가 일반적인 외국사 연구와 동일한 차원에 놓여 있음을 인정하면서도 그를 넘어서려는 것처럼 보인다.

이처럼 일본에서의 한국사 연구는 외국사 연구가 갖는 일반적인 성격과 아울러, 일본과 한국의 독특한 근대 경험, 곧 식민지배를 통해 지배와 피지배의 경험을 분유分有한다는 점에서 그 특수성을 강하게 내포하고 있다.

잘 알다시피, 한국 근대역사학의 성립과 발전 과정은 일본의 근대역사학과 긴밀히 연계되어 있었다. 일본에서 한국사 연구를 수행할 때 부딪히는 특수성은 근원적으로 한국 근대역사학이 가진 역사성으로 인한 것이기도 하다. 지금까지는 이를 '식민사학'(좀 더 정확하게는 '식민주의역사학')으로 범칭했지만, 자세히 들여다보면 이 역시 그리 간단한 문제는 아니다. 식민지 시대 일본인들의 조선사 연구는 '동양사학'의 일부나 '국사'(곧 일본사)의 한 부분으로 출발하여 '근대 학문'으로서의 면모를 드러냈지만, 결국 어느 것으로도 정체성을 확립하지 못한 채 식민주의 논리를 매개로 '동양사학'과 '국사'의 경계 위에서 동요했을 뿐이다.

게다가 국사와 동양사학의 경계 위에서 춤추던 일본인들의 조선사 연구가 식민지가 해방된 후에도 그 정체성을 유지할 수는 없었다. 전후 일본의 동양사학과 국사 연구는 자기부정을 통해 재출발할 수도 없었을 뿐만 아니라, 전전戰前 연구와의 연속성을 확보함으로써 새로운 단절을 시도할 수도 없었다. 그저 주어진 상황에서 소극적인 자기부정만 할 수 있었을 따름이다. 적극적인 자기부정이나 의도적인 단절을 통해 새로운 연구를 개척할 수 없었던 전후의 조선사 연구 상황은 일본의 조선사 연구가 오랫동안 침체될 수밖에 없었던 가장 커다란 이유였을 것이다. 전후 일본인 연구자들은 조선사를 적극적으로 타자화할 수도 없었거니와(동양사학), 자신의 역사 속으로 편입하는 일(국사)을 상상할 수도 없었다.

이런 측면에서 본다면, 하타다 다카시旗田巍가 1960년대에 들어서 조선사가 외국사임을 강조하면서 이를 기점으로 일본의 조선사 연구는 비로소 새로 출발할 수 있었다고 볼 수도 있을 것이다.[6] 탈식민 이후 제국주의 근대 학문의 일반적인 단절과 그로 인한 비애감이 이로 인한 것이었다고 보는 것은 지나친 단정일까?

무릇 일반적인 탈식민주의 인식이 그렇듯이, 전후 일본에서의 한국사 연구는 강하게 단절된 듯하면서도 근본적으로 깊은 연속성을 가지고 있었다. 이른바 '부정적 연속성'이라고 할 수 있을 만한 '연속성' 위에 구축된 일본의 전후 한국사 연구는 이제 2세대를 넘어 3세대 연구자들이 주요한 흐름을 형성하고 있다. 전전 일본의 '동양사학'에서부터 연구를 시작한 하타다 다카시나 야마베 겐타로山邊健太郎 등의 연구자를 1세대라고 한다면, 전후에 연구를 시작한 강재언, 박경식 등의 재일조선인 연구자들과 가지무라 히데키梶村秀樹, 미야타 세츠코宮田節子 등이 다음 세대를 구성하는 근대사 연구자다.[7]

조경달 민중사 연구의 인식 구조

일본의 한국 근대사 연구에서 전후의 3세대 연구자들이 주도하는 연구 흐름을 민중(운동)사 연구와 식민지근대론을 중심으로 살펴볼 수 있다. 이 두 흐름을 대표하는 연구자들은 매우 강하게 서로를 의식하면서 상대의 연구를 자신과 변별되는 것으로 타자화하고 있을 뿐만 아니라, 양자 모두 일본의 한국 근대사학계에 큰 영향력을 행사하고 있다. 민중사 연구의 흐름을 대표하는 연구자로는 앞서 거론한 조경달과 신창우愼蒼宇[8]를 들 수 있겠으나, 이들 외에도 많은 연구자들이 이런 인식 틀에 입각하여 연구를 진행하고 있다.

한편 식민지근대론에 입각하여 연구하는 주요 연구자로는 위에서 거론한 마쯔모토와 이타가키[9] 및 나미키 마사토시並木眞人[10] 등을 들 수 있다.[11] 앞의 민중사 연구와는 달리, 식민지근대론이 '식민지 근대'라는 이름으로 논리를 체계화하기 시작한 것은 그리 오래되지 않았다. 따라서 아직 여러 가지 논리적 문제점을 안고 있고 그에 걸맞은 실증적 성과도 적지만, 학계에서 점점 영향력을 확대해가는 것처럼 보인다.[12]

여기에서는 조경달의 민중사[13] 연구가 가진 인식 틀의 특징을 세 권의 연구서를 중심으로 살펴보려 한다. 조경달은 1998년에 《이단의 민중반란異端の民衆叛亂》[14]이라는 제목으로 '갑오농민전쟁'에 대한 전작 연구서를 출간했다. 이어 2002년에는 앞의 연구를 보완하는 《조선 민중운동의 전개朝鮮民衆運動の展開》[15]라는 책을 출간했는데, 이 두 권의 연구서로 19세기 중반 이래 일제 식민지 말기에 이르는 시기를 대상으로 일관된 민중운동사 연구를 일단은 종합했다고 할 수 있겠다. 그는 두 번째의 책을 출간하면서, 근대 문명과 접촉하기 전후의 민중운동과 그 사상의 성격을 살피고 이것이 한국병합으로 어떻게 연속되고 어떤 변화를 보이는가를 해명함으로써, 한국 민중운동의 특질만이 아니라 민중운동 일반의 존재 방식을 조명하려 했다고 설명한다.[16] 이어 2008년에는 《식민지기 조선의 지식인과 민중植民地期朝鮮の知識人と民衆》[17]이라는 단행본을 출간하는데, 이 책에서는 식민지근대(성)론을 강하게 비판하면서, 식민지 시대 지식인과 민중의 다양한 존재와 운동 양상을 다루고 있다. 그는 이 책에서 자신의 민중운동사 연구가 가진 정당성을 연구자로서의 존재와 가치를 걸고 옹호하려는 듯하다.[18]

그러면 위 세 권의 연구서를 중심으로 조경달의 민중사 연구가 지닌 특징을 살펴보기로 하자. 첫째, 조경달은 민중을 어떤 존재로 보고 있는가? 조경달이 민중(상)을 엄밀하게 규정하고 있지는 않지만, 대체로 그에게 민중은 자신의 '생활주의'에서 비롯하는 '고유한 문화'를 지닌 '자율적인 존재'다.[19] 그렇다면 조경달이 말하는 민중이 생활 혹은 일상[20]에 기반을 둔 존재이며 그를 바탕으로 고유한 문화를 가지고 있고 그에 따라 자율적으로 행위할 수 있는 존재로 규정해도 큰 무리는 없을 듯하다.

따라서 조경달은 민중을 "싸움을 숙명으로 짊어진 과감한 존재"라고 보아서는 안 된다고 비판한다. 선천적으로 투쟁적인 존재로 민중을 전제하는 것은 기존 민중사학의 병폐라고 주장한다.[21] 그리고 이런 인식은 "근대 지향적 역사 발전의 관점과 국민국가의 담당자로 민중을 파악하려는 후세의 문제의식"에서 비롯된 것으로, 결코 "동시대에 맞는 민중상은 아니다. 그것은 오히려 지식인 연구자가 기대하는 민중상이었다"고 말한다.[22] '투쟁하는 민중'은 위로부터의 인식이거나 지식인의 희망을 담은 민중상에 지나지 않는다는 말이다.

그러므로 1980년대 한국의 '민중사학'이 지닌 민중상, 곧 변혁주체라는 개념을 최대한 확장한 인민 개념과 유사한 민중의 개념으로는 기층민중의 자율적인 실천을 파악할 수 없다고 비판한다.[23] 이와 마찬가지로 1960~1970년대 일본의 '인민투쟁사' 연구역시 통일전선의 시각에서 바람직한 국민 형성의 양태를 추출하려는 문제의식에서 출발했기 때문에, 바람직한 인민상을 수립했다고 보기 어렵다고 주장한다.[24] 또 한국의 민중사학과 일본의 인민투쟁사 연구가 지닌 통일전선적인 민중상을 극복하고, 자율적인 민중의 실천으로 연구의 방향을 전환해야 한다고 주장한다.[25]

그는 기층민중, 그중에서도 농민을 자율적인 존재로 보아야 비로소 민중의 일상성에 접근할 수 있다고 주장한다. 또 민중의 가치세계를 발견함으로써, 근대라는 시대를 상대화할 수도 있다고 본다.[26] 그러나 그는 민중의 일상이나 생활을 직접적인 연구의 대상으로 삼고 있지는 않다. 또 기존의 내재적 발전론은 민중의 기층문화에 관심을 불러일으킬 만한 힘이 없다고 비판하면서 기층문화연구의 필요성을 주장하기도 하지만,[27] 민중의 기층문화를 직접적인 연구 대상으로 삼지도 않는다. 그는 민중이 자신의 이야기를 사료로 남기지 않는다는 사실을 민중의 일상성이나 민중문화 연구에서 가장 큰 장애라고 본다.[28] 이리하여 조경달에게는 민중을 구성하는 세 가지 요소, 곧 생활(일상), 문화, 자율성 가운데, 자율성만이 연구의 대상으로 남는 것이다.

그러므로 조경달의 '민중사' 연구가 '민중운동사' 연구를 중심으로 수행되는 이유는 분명하다. "민중운동사는 단순히 변혁 주체의 동적 움직임만을 주목하는 것이 아니라, 오히려 운동과 투쟁이라는 비일상적 세계를 통해 거꾸로 민중의 일상적 세계를 파악"[29]하는 것이라고 그는 주장한다. 민중운동사는 역사의 전환과 방향을 통찰하면서 민중의 일상 세계를 투시하는 연구 영역이라는 것이다. 다시 말해 민중운동에 민중 세계의 논리나 심성이 한꺼번에 드러나므로 민중적 영위를 직접 파악하여 민중 세계를 부조하기 위해서는 민중운동을 분석할 필요가 있다는 것이다.[30] 과연 민중운동사 연구를 통해 민중의 일상성과 자율성을 확인할 수 있을 것인가?

두 번째로, 이제 그의 민중운동사 연구를 살펴볼 차례다. 조경달은 민중의 자율성, 나아가 민중의 (변혁) 주체성을 확인하기 위해 이른바 '통속 도덕'이라는 개념에 주목한다. 민중이 곤고困苦와 인종忍從의 일상적 세계로부터 투쟁이라는 비일상적 세계로 비약하기 위해서는 내면의 정신적인 동기가 필요하다고 보고,[31] 그것을 통속 도덕에서 찾고자 하는 것이다. 그는 통속 도덕이라는 개념을 일본 민중운동사 연구의 대가인 야스마루 요시오安丸良夫로부터 빌려 온다.[32] 야스마루는 민중이 몸에 익히고 있던 근면, 검약, 겸

허, 효행 등의 통속 도덕은 한편으로는 위로부터 강요된 것이지만, 다른 한편으로는 민중이 자기 형성, 자기 확립의 노력을 통해 형성한 것이라고 개념화한다. 통속적이고 전근대적으로 보이는 것(통속 도덕)이라도 어떤 역사적 단계에서는 새로운 '생산력'이 될 수 있다는 말이다.[33] 조경달은 이런 통속 도덕 개념으로부터 민중의 자율성과 주체성을 찾으려 한다.

우선 그는 '갑오농민전쟁'에서 동학의 역할을 단순히 종교적 외피外被로 보는 데에는 반대한다. 그는 엥겔스도 독일 농민전쟁 연구에서 종교를 단순히 외피로만 여기지는 않았다고 주장한다. 오히려 그는 엥겔스가 종교적 이단 사상의 역사적 역할을 충분히 긍정적으로 평가했다고 본다. 따라서 그는 갑오농민전쟁에서 동학이 수행한 역할이 종교적 외피를 넘어선다고 보는 것이다.[34] 그에게 동학은 야스마루의 통속 도덕에 대응한다.

동학의 창도로부터 이단의 발생 과정을 통해 통속 도덕의 정착과 그 역할을 살펴볼 수 있다. 조경달은 최제우의 천관이 본래 서로 용납될 수 없는 ① 유의지적有意志的인 유일 절대의 인격화된 천, 즉 상제(천주)관과 ② 범신론적인 천관의 두 가지를 포괄하는 것이었다고 본다. 전자의 입장에 서면 변혁 주체인 구제자는 이념적으로는 오직 상제일 뿐이지만, 현실적으로는 그 명을 받아 포덕하는 최제우 자신이 된다. 그러나 후자의 입장에 서면, 만인의 군자화가 가능해지고 변혁 주체는 확대된다. 하지만 그것은 실질적으로는 내성주의內省主義를 장려하는 것이어서 일반 민중은 쉽사리 변혁 주체로 인정되지 않는다.[35] 이 지점에서 이단의 동학이 필요해진다.

다시 말하면 수심정기修心正氣를 수양하는 것을 중심으로 삼고 매우 내성적內省的인 성격을 띠던 최시형이 내세운 범신론적 천관, 즉 그의 통속 도덕은 처음부터 유교적 윤리를 기초로 한 것이어서 일반 민중에게는 충분히 설득력이 있었다고 본다. "권력층이 아무리 동학을 위험한 것으로 몰아도 대다수 민중이 동학에 흡인되었던 것은 민중이 통속 도덕의 가르침을 너무도 당연한 것으로 이해했기 때문"이라는 것이다.[36] 그러나 최시형의 범신론적 천관에 입각한 변혁 주체의 형성은 어디까지나 내성주의에 기반한 것으로서, 민중에게는 자력自力에 기반을 둔 난행難行의 것에 지나지 않았다.[37] 이런 딜레마에 기반을 두고 서장옥이나 전봉준과 같은 사람의 이단 동학이 나타나게 된다고 본다. 이단 동학은 수심경천修心敬天을 내세움으로써 최제우가 내세우고 있던 첫 번째 하늘, 곧 외부의 인격화된 상제관을 통속 도덕으로 끌어들인다. 그래서 이단의 동학은 타력他力에 의존하는 이행易行의 사상이 된다.[38] 갑오농민전쟁에 참여한 민중은 이런 이단 동학, 곧 통속 도덕에 입각하여 '변혁 주체'가 된다. 그 결과, 조경달에게 민중은 내성주의적 통속 도덕에 기반을 두고 자율성을 바탕으로 한 변혁 주체가 되는 것이다.

그러나 민중은 변혁의 주체이지만 결코 정치의 주체가 될 수는 없었다. 조경달은 갑오농민전쟁이 덕망가적 질서관을 전제로 국왕國王 혹은 왕부환상王父幻想이 널리 퍼져가는 가운데, 중개 세력을 배제하기 위해 무력적 청원 형식으로 평균주의와 평등주의를 실현하고자 했던 민중반란이었다고 본다. 민중은 단지 청원자의 역할만을 맡고 있었을 따름이라는 것이다.[39] 민중에게 변혁의 절차가 정당화된 이유는 일군과 만민 사이에 직접 대화가 이루어져야 한다는 당위성 때문이었다고 본다. "민중이 또 하나의 근대를 지향하면서도 조선 왕조를 위해 목숨을 바치려고 하는 의식이 희박했던 것은 자율적 존재이기는 하지만 스스로를 정치 주체로 인식할 수 없었고, 여전히 화이 사상에 구속되어 국가 의식을 강하게 가지지 못했기 때문"이라는 것이다.[40]

조경달에게 갑오농민전쟁은 일군만민 사상과 국왕환상에 기반을 둔 민중의 유토피아를 향한 운동으로서, '반근대적인' 범주에 드는 운동에 지나지 않는다. 그리고 민중은 통속 도덕이라는 고유한 문화와 의식에 바탕을 두고 자율적으로 운동을 전개했다. 이처럼 '동학농민전쟁'을 중심으로 한 조경달의 민중운동사 연구는 대단히 독특하고 참신한 문제의식을 담고 있는 것처럼 보인다. 특히 '종교적 외피론'을 중심으로 '동학농민전쟁'을 보는 시각이 압도적인 한국 역사학계의 상황에 비추어 볼 때,[41] 그의 연구가 가지는 의의는 더욱 크다고 하지 않을 수 없다.

그러나 조경달의 민중운동사 연구가 과연 그가 의도하는 바와 같이 변혁 주체인 민중의 비일상적 투쟁을 통해 민중의 일상적 세계를 밝혀낼 수 있었는지는 의문이다. 그의 말마따나 민중운동이란 민중의 일상성이 배제된 상황에서 비로소 비약적으로 폭발하는 것이므로, 운동으로부터 일상을 확인한다는 발상은 무리한 논리가 될 수도 있을 것이다. 2002년에 출간된 《조선 민중운동의 전개》라는 저작에서 식민지기 민중운동이 이른바 신흥종교의 활동에 과도하게 치중되어 있는 것은 이런 이유와 무관하지 않다.[42]

조경달의 '식민지근대성론' 비판의 논리

조경달은 근래에 세력을 키워온 '식민지근대성론'이, 사회경제적 발전 지표를 중시함으로써 단순한 근대화론으로 귀착해버리는 식민지근대화론과는 달리, 근대적 제도와 규율규범의 침투성에 주목하고 근대적인 주체 형성과 동의 형성, 나아가 식민지 권력과의 협력체제가 어떻게 형성되었는가 등을 해명하려 한다는 점에서 일단 높이 평가한다.[43]

그의 비판을 구체적으로 살펴보기 전에, 우선적으로 확인할 사항이 용어 사용에 관한 문제다. 조경달은 자신이 비판하는 논리는 '식민지근대론'이 아니라 '식민지근대성론'이라고 하면서 두 개념을 구분한다. 조경달은 '식민지근대론'은 '식민지의 근대', 곧 식민지에 존재하는 근대성을 인정하는 논리라고 규정하고, 이는 문제가 될 수 없다고 말한다. 이와 달리 근대의 '침투성'이나 '포섭성'만을 주목하고 강조하는 논리가 '식민지근대성론'이라고 주장한다. 말하자면 침투론적이고 포섭론적인 논의를 전개하는 '식민지근대론'을 '식민지근대성론'이라고 보고, 자신은 '식민지근대성론'만을 비판하고 있다는 것이다.[44]

요컨대 조경달에 따르면 '식민지근대성론'은 '식민지근대론'의 일부를 구성하는 논리가 되는 셈이다. 과연 그럴 수 있을까? 형식 논리로만 따지더라도, 조경달의 '식민지근대성론'은 오해의 여지가 많은 개념이다. 논의가 길어지지 않도록 간단히 요약하면, 식민지 근대라는 발상은 ① 근대를 비판적으로 보아야 한다는 점, ② 근대와 식민지 사이에 너무 먼 거리를 설정해서는 안 된다는 점, 그리고 ③ 근대란 '근대성'(식민지를 포함한)의 배치에 의해 그 성격이 결정된다는 사실 등에서 출발하는(할 수밖에 없는) 논리다.[45] 이런 면에서 보면, '식민지근대성론'은 '식민지근대론'의 하위개념이 될 수밖에 없다. 식민지근대론이 일종의 시대 개념을 지향한다면, 식민지근대성론은 근대성의 배치만을 문제삼는 논리일 수 있기 때문이다. 하지만 개념에 논란의 여지가 많더라도, 개념은 어디까지나 그 논리 구성의 엄격성에 의해 그 유효성 여부가 판가름날 테니 앞으로 두고 볼 일이다.

한편, 조경달이 주로 비판의 대상으로 삼는 것은 윤해동과 마쯔모토 다케노리 그리고 나미키 마사히토 등의 식민지근대론이다.[46] 그의 비판을 좀 더 쉽게 이해하기 위해서는 마쯔모토 다케노리가 정리한 식민지근대론을 살펴보면 도움이 될 것이다. 마쯔모토는 근래에 급속하게 발전하기 시작한 '식민지 근대'라는 새로운 시각의 특징을 다음과 같이 세 가지로 요약한다. 첫 번째, 식민지 시대와 해방 후를 근대라는 시각에서 연속적인 것으로 파악하고, 더욱이 근대의 부정적인 측면에 주목하여 비판적으로 분석하고 있다. 두 번째, 헤게모니와 규율권력 혹은 젠더라고 하는, 종래 연구에서는 그다지 사용하지 않았던 분석 개념을 의식적으로 채용하고 있다. 그 개념들을 활용하여 식민지하 조선인의 일상생활 수준의 권력 작용을 분석함으로써, 지금까지 사회구성체 수준에서의 거시권력 분석과는 다른 논점을 제시할 수 있게 되었다고 보는 것이다. 마지막으로, 종래의 연구자들이 항상 평가 기준으로 삼았던 민족주의를 상대화하려 시도한다.[47] 조경달은 마쯔모토가 정리한 식민지근대론 가운데 두 번째 특징과 관련한 연구를 식민지의 침투성 혹은 포섭성을 강조하는 논리인 식민지근대성론이라고 따로 규정하고, 이를 비판하고 있는 것이다.[48]

그는 식민지근대성론에서는 종래의 지배와 저항이라는 이항대립 도식이 비판받고, 식민지 권력의 헤게모니가 성립된 것으로 여긴다고 본다. 즉, "식민지 인식의 회색지대 곧, 저항과 협력이 교차하는 지점에 '정치적인 것', 즉 공공 영역을 두고, 윤해동은 이것을 '식민지 공공성'이라고 선구적으로 개념화했다"는 것이다. 요컨대 조경달의 식민지근대성론 비판의 핵심에는, '식민지 공공성' 개념, '헤게모니'의 성립 등 두 가지 개념에 대한 비판이 자리 잡고 있다.

우선 그의 식민지 공공성 비판에 대해 살펴보자. 그는 민중사적 지평에서 보는 경우, 어느 정도의 민중이 식민지 권력에 동의하고 식민지 공공성에 포섭되어 있었는지는 의문이라고 주장한다. 근대성도, 황민성도 용이하게 내면화할 수 없어서 깊이 고민하는 조선 민중의 정신세계는 넓은 심연이었다는 것이다.[49] 그러므로 식민지 공공성은 어디까지나 도시 지식인 사회가 총독부의 폭력을 민중으로 이양하고, 이와 함께 민중을 배제함으로써 성립하는 것

이라고 비판한다.[50]

다음으로, 그는 식민지 권력의 헤게모니가 성립했다는 논의에 대해서도 다음과 같이 비판한다. 식민지 연구에서는 식민지 권력의 지배 헤게모니가 성립하고 근대의 고유한 규율권력이 침투하는 과정과 그를 바탕으로 한 주체 형성의 문제 등을 해명하는 것도 중요하지만, 그 이상으로 그런 것을 내면화할 수 없는 사람들의 일상생활이나 고민, 저항의 양상 등을 복원하는 것이 중요한 작업이라고 주장한다.[51] 조경달은 푸코 역시 근대의 특징인 규율훈련화를 이념형으로 묘사한 데 지나지 않았으며 반규율 훈련화의 움직임을 문제시하지 않았던 것은 아니라고 하면서, 식민지근대성론자들이 푸코를 오독함으로써 문제를 일으키고 있다고 주장하기도 한다.[52] 식민지배 권력은 민중 세계에 대해 언제나 폭력을 담보하여 확보되는 (폭력에 의한 동의의 조달) 이상, 진정한 헤게모니가 될 수 없다고 주장한다.[53]

조경달이 '식민지근대성론' 비판에서, 식민지 공공성 개념과 헤게모니 개념을 비판의 핵심에 두는 것은 두 개념 사이에 연관성이 존재한다고 판단하기 때문인 듯하다. 즉, 식민지 공공성 개념을 식민지 권력의 헤게모니가 성립한 지표로 간주하고 있는 것이다.[54] 하지만 어떤 논거도 제시하지 않았다. 그는 식민지 권력과 식민지 공공성을 이항대립적인 도식이라고 비판하기도 하는데,[55] 이 때문에 식민지 공공성의 성립에 대한 논의와 헤게모니의 성립에 대한 논의가 같은 차원에 놓여 있는 것으로 판단하고 있는 듯싶다. 하지만 이런 그의 비판은 논리적으로 이해하기 어려운 면이 없지 않은데, 이는 아래에서 분명히 밝혀질 것이다.

그런데도 그는 이런 논리의 연장선 상에서 또 다른 비판의 논거를 만든다. 식민지근대성론에서는 '식민지성' 혹은 '식민지성의 중층성'이 간과되고 있다는 것이다. 그는 식민지근대성론이 근대화와 근대성을 과대평가한 결과 식민지 권력의 헤게모니가 성립했다고 보기 때문에 식민지성에 대한 관심을 무시해버렸다고 비판한다. 식민지성은 근대성과 관련해서 고려해야 하는 것인데, 식민지근대성론에서는 후자에 대한 관심이 전자에 대한 관심을 능가해버렸다는 것이다.[56] 그는 민중 세계도 그 내부에 몇 개의 배제의 논리를 내포하고 있으며, 이로 인해 식민지성의 중층성은 심각한데도 불구하고 식민지근대성론이 이를 무시하고 있다고 부연한다.[57] 아마 그는 식민지에 적나라하게 노출되고 억압적으로 사용되는 폭력의 문제와 식민지성 혹은 식민지성의 중층성을 깊이 연관시켜 사유하고 있는 듯하다.

식민지근대성론은 근대성 비판에는 급진적이지만, 모든 근대를 식민지 근대로 해소해버림으로써 근대성의 침투도가 훨씬 높은 종주국의 근대보다 식민지의 근대를 더 병적인 것으로 여길 우려가 있다고 비판한다. 결국 윤해동은 종주국 민중의 생활과 식민지 민중의 생활을 같은 위치에 둘 가능성을 만들게 된다는 것이다. 종주국 총체(국가권력은 물론 국민적인 것과 사회적인 것도)로부터 근대성을 둘러싸고 다양하게 이루어지는 수탈·차별·억압과 그것을 담보하는 폭력의 총체성을 정확하게 인식해야 한다고 주장한다.[58]

이처럼 식민지 공공성, 헤게모니, 식민지성 등 세 가지 개념을 중심으로 하는 그의 식민지근대성론 비판은 강렬하다. 조경달 본인도 일종의 '식민지근대론'자임을 주장하는 데서도 알 수 있듯이, 그는 식민지근대론에 대해 상당히 동조하는 태도를 보이고 있다. 그런데도 그가 식민지의 포섭성(혹은 침투성)을 인정하는 데 인색한 이유는 무엇일까? 그가 근대의 포섭성을 비판하는 것은, 그것이 근대 비판이라는 측면에서는 정당하다고 할 수 있겠지만 이를 가지고 근대에 강하게 포섭되어 있었던 식민지의 역사적 현실을 직접 비판할 수는 없다고 본다.

조경달의 민중사 연구 방법론 비판

조경달의 식민지근대성론 비판에서 드러나는 일종의 편향을 알아차리는 것은 어렵지 않은데, 마지막으로 이에 대해 살펴보기로 한다. 그의 '비판'에서 드러나는 편향성은 그의 민중사 연구의 특성에서 유래한 것이다. 그러므로 이를 확인하는 일은 매우 중요하다. 조경달의 '비판'에서 드러나는 연구의 방법은 크게 다음과 같이 세 가지로 정리할 수 있다. 첫째는 이원화 전략이고, 두 번째는 반헤게모니 전략이다. 마지막으로 앞의 두 전략을 통해 모든 것을 민중으로 환원하는 방식을 취한다. 좀 더 자세히 살펴보기로 하자.

첫째, 이원화 전략이다. 조경달은 민중을 지배에 대응하여 성립하는 변혁 주체로 설정한다. 그는 통일전선 전략에 입각한 인민이나 민중 개념을 비판하지만, 변혁 주체 나아가 이에 기반을 둔 역사 주체로서의 민중 개념은 굳게 유지하려 한다. 그리고 탈식민주의 연구에서 도출된 서발턴subaltern이라는 주체에 대해서는 그 유효성을 인정하지 않는다.[59] 서발턴이라는 하위 주체의 균열된 주체성을 받아들일 수 없기 때문이다.

그러나 조경달이 민중운동 연구를 위해 빌려온 '통속 도덕' 개념을 창안했던 야스마루 요시오는 민중이 실체적인 개념이 아니라 방법적인 개념이라는 점을 강조한다. 다시 말해 대중이든 민중이든 집단 주체로 상정된 모든 개념은 한 사회의 전체성을 확보하기 위해 추상해낸 개념이며, 어떤 역사적 실체를 지칭하는 것이 아니라 매개로 파악해야 한다는 것이다. 야스마루는 집단 주체 개념이 한 사회의 전체상을 그리기 위한 매개적인 개념인 한 실체적인 측면과 가치적인 측면이 공존하며, 이런 상극을 배제하기 위해 실체적인 측면을 강조할수록 집단 주체론은 단조로운 일반론에 빠지기 쉽다는 점을 지적하면서 집단 주체 개념의 위험성을 경계한다.[60] 바꿔 말하면 조경달은 변혁 주체로서의 민중을 이원화하는 전략을 취함으로써 민중을 실체화하고, 나아가 그의 논의는 단순한 일반론적 민중론으로 전락할 위험에 처해 있는 것처럼 보인다.

이런 주체를 끌고 나가기 위해 그가 식민지 권력과 식민지 공공성을 이원적으로 대립시키고 있음은 이미 살펴보았다. 하지만 이는 정말이지, 공공성에 대한 초보적인 이해 부족에서 초래된 것이다. 공공성은 국가권력과 대응하는 개념이 아니다. 국가권력과 대응하기도 하지만 포섭하기도 하고 국가가 공공성을 대표하기도 하는, 다원적이고 딜레마에 가득찬 개념이 바로 공공성이라는 개념이다. 게다가 그는 지식인과 민중, 도시와 농촌 등의 다양한 이원적 대응 전략을 구사하는데, 그것은 다분히 민중이라는 주체 개념을 유지하기 위한 방법으로 보인다.[61] 하지만 민중 주체를 유지하기 위한 이원화 전략이 부딪칠 운명은 근대적 합리성이 맞닥뜨린 딜레마를 생각하면 명백하지 않을까?

둘째, 반헤게모니 전략이다. 변혁 주체로서 민중 주체를 인정하려 한다면, 그것이 국가권력이든 자본주의든 근대문명이든 그 어떤 헤게모니도 인정해서는 안 된다.[62] 민중의 변혁 주체성은 그 어떤 헤게모니라도 인정하는 순간, 그 주도성이나 주체성까지도 박탈당할 수밖에 없기 때문이다. 식민지근대성론은 오로지 식민지 권력의 헤게모니 성립에만 주목함으로써, 식민지 권력에 회수되지 않는 사람들의 다양한 심성이나 저변 사회의 양상에 대한 관심이 희박해졌다고 그가 신랄하게 비판하는 것도 이런 이유 때문이다.[63] 그런데 권력에 회수되지 않는 민중들의 심성을 일종의 유토피아로 연결하는 이런 시각은 역사의 도덕화로 귀결되지 않을 수 없다. 그러므로 반헤게모니 전략이 가진 도덕화 경향에 대해서는 경계하지 않으면 안 될 것이다.

하지만 식민지 공공성 개념이 헤게모니 개념으로 이어진다고 판단하는 점이나, 식민지근대성론이 일반적으로 헤게모니 개념의 성립을 인정한다는 주장은 오해에서 초래된 것이다. 이에 대해서는 이미 다른 논문에서 비판한 적이 있지만,[64] 여기에서도 간단히 부연해둔다.

우선, 식민지 공공성 논의가 하버마스의 '시민적 공공성'에서 연역하여 도출한 것이라고 조경달은 주장하고 있지만, 이는 전혀 근거 없는 억측에 지나지 않는다. 잘 알려져 있다시피, 하버마스의 시민적 공공성은 실제로는 부르주아적 공공성을 말하는 것이고, 여기에는 근대 가부장제적 이데올로기가 깊이 각인되어 있으며, 공공권의 타자를 배제함으로써 대내적으로는 같은 수준의 일차원적 공간을 상정하고 있다는 점에서 비판되고 있다.[65] 이뿐만 아니라 하버마스는 합리적 의사소통의 이상적 발화 상황을 전제한다. 이런 상황을 전제하고 식민지 공공성 개념을 설정한 것이 아니라는 점은 자명하다.

두 번째 오해는 식민지 공공성 논의를 식민지 권력의 헤게모니가 관철되어 있는 지표라고 간주하는 점이다. 이런 해석은 식민지 공공성 논의를 하버마스적인 맥락에서 해석하기 때문에 발생한 오류로 보인다. 세 번째로는 식민지 공공성 혹은 공공 영역에 대한 주장이 식민지성을 등질적인 것으로 간주하고 '식민지성의 중층성'을 간과한 논의라는 것이다. 식민지 공공성 논의는 오히려 식민지성의 중층성을 해석하기 위해 필요한 개념이라 할 수 있다. 하지만 하버마스적 시각으로 공공성을 이해하면, 이런 중층성을 볼 수 없는 것이 당연하다. 근대란 언제나 식민지성을 내포하고 있으며, 식민지성은 근대성을 통해서만 드러난다.

마지막으로, 조경달의 '민중 환원화' 전략에 대해 언급해둔다. 조경달은 앞서 본 바와 같이, 민중운동사 연구를 통해 민중의 일상과 심성을 추적할 수 있다고 주장한다. 하지만 이는 지나친 환원화 전략이라고 하지 않을 수 없다. 이에 대한 비판은 두 가지 차원에서 이뤄질 수 있다. 우선 일상성에 대한 것이다. 일반적으로 일상성은 근대성의 가장 중요한 지표 중의 하나로 간주되고 있다. 일상은 단선적 시간 관념 속에 자리 잡은 생활의 순환 속에서 비로소 표면으로 떠오를 수 있는 관념이다. 그렇다면 전근대 민중의 생활 속에서 일상성을 확인할 수는 없다. 전근대 민중들의 생활이란, 시간적 순환 속에서 유토피아로 향하는 길로 여겨지고 있었던 것이다. 역으로 전근대의 민중 주체를 설정하는 일은 이런 측면에서 불가능해질 수밖에 없다.

이런 차원에서 민중운동 연구를 통해 민중의 일상이나 심성을 확인할 수는 없다. 민중의 일상이 민중운동으로 비약할 때, 일상과 심성의 심각한 변화가 동반되지 않을 수 없기 때문이다. 민중의 일상이란 운동과는 거리가 멀다. 근대 사회에서 살아가는 보통 사람들의 일상은 보잘것없고 어떤 면에서는 지루하고 비참하기까지 하다. 그런데도 그 일상은 끊임없이 반복되는 지속성을 통해 그 위대함을 드러낸다.[66] 일반적으로 민중운동은 일상과의 단절 속에서 폭력적이고 축제적인 방식으로 드러난다. 과연 비참한 일상의 지속성을 민중운동의 비약 속에서 확인할 수 있을까?

조경달은 변혁 주체로서의 민중의 성격을 드러내기 위해, 민중이 자율적인 존재임을 강조한다. 그가 강조하는 민중의 자율성은 기층문화의 독자성과 민중 생활의 일상성에 바탕을 두고 있다(혹은 그런 것처럼 보인다). 이렇게 본다면 전근대적 공동체성에 바탕을 둔 피지배집단의 변혁성을 민중성이라고 부를 수 있을 것이다. 그러나 근대적 개인의 형성을 바탕으로 개인의 자율성을 기반으로 삼을 수밖에 없는 근대 사회에서의 민중은 과연 어떤 존재여야 할 것인가? 근대 사회에서 민중이 자율성을 가져야 한다고 말하는 순간, 무료하고 답답한 일상을 매개로 하는 민중의 일상성은 개인의 자율성을 억압하는 요인으로 급속하게 바뀔 가능성이 농후하다.[67] 근대 이후 민중은 개인의 자율성과 개성을 억압하지 않는 자율성을 어떤 방식으로 확보했는가? 그게 가능한 일인가? 민중사 연구는 이런 질문에 대해 답변할 의무가 있다.[68]

조경달이 설명하는 공간을 식민지 권력의 헤게모니가 관철되는 일방적이고 실체적인 공간으로 파악하고 근대적 개인의 자율성에 기반을 두지 않는 '공허한' 민중의 자율성을 강조할 때, 그가 강조하는 민중사는 이런 측면에서 오히려 '위로부터의 성격'을 띠게 될 가능성도 다분하다.

새로운 전망

이상으로, 일본에서의 한국 근대사 연구가 가진 특성을 조경달의 민중사 연구 및 식민지근대론을 둘러싼 비판–반비판을 통해 살펴보았다. 전전 동양사학 혹은 '국사' 연구의 부정적 측면을 넘어서 일본에서의 한국사 연구는 발전해왔고, 여기에서 살펴본 민중사 연구와 식민지근대론은 그 발전의 명백한 증거다.

이제 외국사 연구로서의 한국사 연구를 넘어서, 민중사 연구와 식민지근대론은 그 성격이 변화할 것이다. 다시 말하면, 민중사 연구와 식민지근대론은 토론 및 비판을 통해 함께 발전해갈 것이다. 단순하게 생각하더라도, 다음과 같은 몇 가지 접점에서 직접적인 효과를 거두지 않을까 싶다. 첫째, 민중사 연구가 밝히는 식민지 시대 일상생활을 바탕으로, 일상화된 규율권력의 식민지적 성격을 확인할 수 있게 될 것이다. 식민지 근대의 일반적인 특성을 밝히는 데에 민중사적 일상사 연구가 도움이 될 것은 명확하다. 둘째, 식민지에 존재하던 경합하는 헤게모니의 성격을 식민지근대론을 통해 밝힘으로써, '민중적' 일상생활의 성격 역시 더욱 뚜렷이 드러날 것이다.[69] '민중'이란 초역사적으로 존재하는 단일한 실체가 아닐 뿐 아니라, 단순히 국가권력과 대립하는 일국사적 차원의 집단도 아니다. 민중이란 시간과 공간에 따라 그 내용과 모습이 변하는 유동적인 실체일 따름이다. 이런 실체는 일국사를 넘어서 국제적인 민중의 연대를 내다보게 한다. 이에 따라 이후의 제3, 4세대의 연구자들이 주도하는 한국사 연구는 차츰 트랜스내셔널한 성격을 더할 것이다. 그리고 전전의 부정적 측면과 아울러 전후의 일방적 긍정성을 넘어서, 새로운 시대의식으로 무장한 새로운 학문으로 바뀌어야 한다.[70]

트랜스내셔널 히스토리에 관한 논의를 마지막으로 부연해두고자 한다. 새로운 인식을 위해서는 근대성에 대한 새로운 차원의 논의가 필요할 것이다. 기존의 근대성 논의가 일국적 차원에 국한되었다면, 근대성에 관한 새로운 논의는 전 지구적 근대성global modernity의 전개를 전제로 해야 한다. 이런 인식은 식민지가 일국적이고 자족적인 정치·경제·사회적 단위가 아니라 제국의 일부를 구성하고 있었다는 점과 제국과 식민지는 상호작용하는 하나의 '연관된 세계'를 구성하고 있었다는 데서 출발한다. 한편, 식민지배에서 해방되어 정치·경제·사회적으로 독립된 단위를 구성한다고 해서 자동적으로 식민지에서 벗어난다고 볼 수도 없다. 오래된 논의이지만, 식민주의는 후기식민지 시기를 특징짓는 또 하나의 현상이기도 하다. 그런 점에서 식민지근대론은 제국과 식민지를 관통하는 공시성과 식민지 시대와 식민지 이후 시대를 연결시키는 통시성을 아울러 지닌다.[71] 조경달의 민중사 연구에 대한 이 비판이 일본에서의 한국 근대사 연구가 상호상승적으로 발전하는 데 조금이라도 도움이 된다면 그런 다행이 없겠다.

New Right History in Korea

뉴라이트 운동과 역사 인식

– '비역사적 역사'

뉴라이트 이론은 서구 시민사회에서 생겨난 '자유주의' 전통을 중시하고,
이런 자유주의를 '시장'을 통해 쇄신하려는 것을 목표로 한다.
한국의 민주주의를 자유주의 전통의 토대 위에서 재구축하려 했다는 점에서,
이 이론은 넓은 의미에서 자유주의적 흐름에 속한다.

뉴라이트 운동, 새로운 평가를 위하여

'교과서포럼'이라는 단체의 출범은 한국 사회에 관변의 공식적인 역사 해석이 아닌, 새로운 우파적(뉴라이트) 역사 해석이 탄생하는 계기가 되었다는 점에서 '특정한' 의미를 부여할 수 있을 듯싶다. 교과서포럼이 뉴라이트 운동의 이데올로기적 수원지 역할을 상당히 담당하고 있었다는 점에서 그 의의를 가벼이 흘려버리기는 어렵다. 뉴라이트 운동이 일정한 형태를 갖추고 이데올로기적 특성을 장착하는 과정에서, 교과서포럼이 수행한 역할을 무시하기는 어렵다. 교과서포럼이 출범하는 과정에서 드러난 정치적 맥락과 사회적 상황을 살펴보면, 교과서포럼이 내세운 우파적 역사 해석의 특성을 확인할 수 있다. 다음 세 가지 측면에서 그 특성을 거론할 수 있겠다.

첫째, 뉴라이트 운동은 말 그대로 보수성을 그 특징으로 하지만, 정치적인 지형의 역전 상태, 곧 보수 정당이 정권을 잃고 야당이 연이어 정권을 차지한 시점에서 본격적으로 그 출범을 알리게 되었으며, 그런 점에서 그 보수성이 더욱 현저하게 드러나게 되었다. 여기에는 '잃어버린 10년'으로 상징되는 정치적 역전 상태에서 나타나는 보수 세력의 상실감이 깊이 개입되어 있었음을 부인하기 어렵다. 교과서포럼이 노무현 정부의 교과서 검정 제도나 노무현 대통령을 비롯한 주요 '진보' 인사들의 역사 인식체계를 문제삼으며 출발했다는 점에서 이런 특징이 잘 드러난다고 할 수 있다. 이처럼 교과서포럼을 중심으로 한 뉴라이트 운동의 역사 인식은 우선 부정적인 발단에서 그 특징을 확인할 수 있다.

둘째, 뉴라이트 역사 인식체계가 '대안적 인식체계'임을 주장하게 된 직접적인 계기가 된 사건은 노무현 정부에서 이루어지던 다발적인 '과거사 청산' 작업이었다는 점이다. 2004년 당시 집권 여당이었던 열린우리당이 과반 의석을 획득하자, 하반기부터 노무현 정부는 본격적인 4대 입법 개혁에 착수했다. 4대 입법 개혁은 국가보안법 폐지 및 일련의 과거사 관련 입법을 중심으로 '구체제'를 청산하는 과제에 집중했다. 이에 따라 이데올로기 갈등은 극대화되었고, 보수 진영의 위기감도 고조되었던 것이다.[1] 뉴라이트 관련 인사들 역시 2004년 전후의 사립학교법, 국가보안법, 신문법 등 4대 입법을 둘러싼 정책 논란과 아울러 '과거사 파헤치기'를 둘러싼 위기감이 뉴라이트 등장에 지대한 역할을 했다는 사실을 솔직하게 인정하고 있다.[2]

셋째, 뉴라이트 운동의 새로운 역사 해석은 역사교과서 비판을 계기로 그 문제의식이 비롯되었고 그 이후로 운동이 지속되었다는 사실을 현저한 특징으로 삼는다. '교과서포럼'이라는 형식으로 역사 인식의 수정을 요구하는 운동이 시작되었다는 점이 이를 보여주는 지표인데, 이처럼 교과서를 대상으로 새로운 역사 해석을 표방했다는 사실은 다분히 의미심장하다. 그것은 뉴라이트 운동이 교과서가 가진 권력적 측면에 주목하고 있었을 뿐만 아니라, 교과서를 매개로 한 권력 지향적 운동으로 나아갈 것임을 예고한 셈이기도 했다.[3]

뉴라이트 이론은 서구 시민사회에서 생겨난 '자유주의' 전통을 중시하고, 이런 자유주의를 '시장'을 통해 쇄신하려는 것을 목표로 한다. 한국의 민주주의를 자유주의 전통의 토대 위에서 재구축하려 했다는 점에서, 이 이론은 넓은 의미에서 자유주의적 흐름에 속한다.[4] 한편 그들이 표방하는 자유주의가 '시장'과 '기업'에 토대를 두고 있다는 점을 보면, 이 이론이 1980년대 이후 영국과 미국에서 풍미했던 '신자유주의'의 전 지구적 유행 속에 자리잡고 있는 것 또한 사실이다. 신일철은 하이에크의 자유시장경제 원리와 노직의 자유지상주의libertarian 철학을 원용하여 자신의 논리를 전개한다. 그는 자본주의라는 이름의 사회 시스템은 시민사회적 전통에 기초한 민영화와 자유시장 시스템을 의미한다는 사실을 특별히 강조한다. 즉 국가는 질서를 만들어내지만Maden Order, 국가가 만들어낸 질서가 아니라 '자생적 질서' 곧 '생겨나온 질서Grown Order'가 사회이며, 이런 사회의 기반을 형성하고 있는 것이 자유시장 시스템이라는 것이다. 따라서 인간은 '시장적 존재'이고, 인간에게 필요한 것은 '시장적 사고'라고 강변한다.[5] 신일철은 이런 논리에 기반을 두고 한국의 자유주의는 새로운 활로를 모색해야 한다고 주장하였던바, 그것이 바로 '뉴라이트'라는 것이다.

이처럼 넓게 보면 신자유주의의 전 지구적 유행과 같이 움직이고 있던 이론 중심의 뉴라이트 운동은, 2004년을 전후하여 사회·정치적 차원의 운동으로 폭발적으로 증폭되었다. 이런 뉴라이트 운동의 변화에는 앞서 본 바와 같은 몇 가지 배경이 작용하고 있었지만, 특히 진영논리에 입각한 '뉴라이트 시민운동'[6]과 역사 인식의 '교정'을 목표로 하는 '교과서포럼'의 창설이 기폭제 역할을 수행하고 있었다. 2004년 11월 '자유주의연대'가 창립되었고, 2005년 1월에는 '교과서포럼'이, 3월에 '뉴라이트 싱크넷'이, 그리고 11월에는 '뉴라이트 전국연합'이 창립되었다. 이외에도 다양한 단체들이 뉴라이트라는 '새 옷'을 입고 등장하면서 뉴라이트 계열의 시민운동 단체들이 빠른 속도로 늘어났고,[7] '교과서포럼'을 중심으로 역사 인식을 둘러싼 논란도 확산되었다. 이제 한국도 산업화와 민주화의 갈등을 넘어서서 선진사회를 이룩해야 한다는 이른바 '선진화' 담론의 논리를 뉴라이트 운동이 받아들이면서, 뉴라이트 운동은 '올드라이트'를 대체하는 '라이트' 진영의 대표를 자임하게 되었다.[8]

뉴라이트 진영의 일부 지식인들은 2007년 말로 예정되어 있던 대통령선거에 대비하기 위해 '뉴라이트 정책위원회'를 결성했다. 이 위원회는 정부 개혁, 시장경제, 교육, 통상, 외교·안보, 복지, 법질서 등 각 분야에 '현실성 있는 정책 비전과 대안'을 제시하기 위해, 《뉴라이트 한국 보고서》[9]라는 정책 제안서를 발간했다. 이

제안서는 대한민국을 '선진화 체제'로 구축하는 것을 목표로 삼고, 작은 정부·활기찬 시장·통상 강국·국익 우선의 실용 외교·지속 가능한 복지 등 전형적인 '신자유주의'적 정책 대안을 담고 있다. 이후 '신자유주의의 한국적 변형'으로서의 뉴라이트 운동은 2007년 대통령선거와 2008년 총선거를 계기로 현실 정치에 영향력을 발휘하기에 이른다.

기존의 한국 보수운동이 군부독재를 지원하거나 관변단체의 형태로 반공 이데올로기를 강화하는 데 머물렀다면, 뉴라이트 운동은 기존 보수운동의 한계를 자각한 보수 지식인들과 '전향'한 학생 운동 세력이 기존 정치 세력을 비판하면서 등장했다는 점을 특징으로 한다. 이들은 '친북좌파' 세력의 집권을 저지하는 것을 명분으로, 기존의 보수적 반공주의를 기반으로 삼고 그 위에 신자유주의적 자유시장 논리를 가미하여 체계적인 사상을 나름대로 구축했으며, 또 이를 바탕으로 조직적인 운동을 전개했다.[10] 아직도 정치사회적 영향력을 발휘하며 지속되고 있는 운동이기 때문이겠지만, 뉴라이트 운동의 성격을 객관적 입장에서 바라본 분석은 그다지 많지 않다. 다만 2006년 '교과서포럼'이 《한국 근·현대사》 교과서의 시안을 발표하고 2008년 《대안 교과서 한국 근·현대사》를 간행했을 때, 그를 비판하는 평론들이 발표되었을 따름이다.[11] 요컨대 뉴라이트 운동 및 그의 역사 인식에 대한 전면적 평가 혹은 비판보다는 사회적 물의가 일어났을 때 그에 대한 반비판적 차원의 부정적인 비평이 주류를 이루고 있는 것이다.

이 글에서는 뉴라이트 운동의 전개 과정과 역사 인식의 성격을 두 단계로 나누어 살펴보려 한다. 첫 번째 단계는 교과서포럼이 결성되고 《대안 교과서 한국 근·현대사》[12]가 발간된 시기(2005~2008)다. 두 번째 단계는 그 이후의 시기로, 2011년 5월에는 한국현대사학회가 결성되었고 또 8월에는 전국경제인연합회가 후원하여 《고등학교 한국사 교과서 참고자료》[13]가 출간되었다. 이때 뉴라이트 (역사학) 운동이 새로운 단계로 진입했다고 할 수 있을 것이다. 요컨대 여기에서는 뉴라이트 운동 초기 단계의 교과서포럼과 후기 단계의 한국현대사학회라는 두 단체의 활동과 역사 인식에 초점을 맞추어 논의를 전개해나갈 것이다.

그 평가 여부를 떠나서, 뉴라이트 운동의 역사 인식을 '한국판 수정주의' 역사 해석으로 본다면, 역사 해석의 현재성과 다원성이라는 측면에서 용납되거나 옹호될 수 있는가? 아니면 학계 일각의 평가처럼 뉴라이트 운동과 그 역사 인식은 반역사적이거나 심지어는 반인륜적인 것이어서 영원히 추방되어 마땅한가? 진영론적이거나 편파적인 시각 혹은 뉴라이트 운동을 처음부터 부당하다고 전제하는 입장을 넘어서서 그 운동의 역사와 논리를 차근차근 살펴봄으로써, 뉴라이트 역사 인식의 메타역사학적 불/가능성을 살펴볼 것이다.

교과서포럼과 《대안 교과서 한국 근·현대사》의 위상과 성격

2003년에 출범한 노무현 정권은 2004년경부터 본격적인 '과거 청산' 작업에 돌입했다. 이와 아울러 과거 청산을 둘러싼 역사 인식의 차이도 더욱 분명하게 드러나게 되었으며, 이러한 차이는 보수 세력의 상실감과 결합하여 위기감을 폭발적으로 부추기게 된 것으로 보인다. 이런 정치적 변화의 소용돌이에서 모습을 드러낸 것이 바로 교과서포럼이었다. 교과서포럼은 2004년 일련의 준비 과정을 거쳐, 2005년 1월에 정식으로 창립되었다. 교과서포럼은 "중·고등학교 교과서가 갖고 있는 문제점을 지적하고 개선하고자 노력하는 지식인 모임"으로 자신의 성격을 규정하고 있다. 중·고등학교의 한국 근현대사 관련 교과서, 경제 및 사회 관련 교과서, 도덕·윤리 교과서가 이념적인 편향성을 드러내고 있을 뿐만 아니라 사실을 의도적으로 왜곡하고 있으므로, 이에 대한 국민적 관심을 진작할 필요가 있다고 주장했다.[14]

그들은 지향하는 바가 우도 좌도 아니며, 과거를 맑은 거울에 비추어 보는 것처럼 진솔하게 보는 것, 곧 실사구시實事求是를 '교과서 철학'이라고 주장하고 있다. 그리고 실사구시의 정신에 입각하여 각종 교과서를 분석·비판할 뿐만 아니라, 대안 교과서를 집필하고 대중 서적을 발간함으로써 '올바른 교과서적 내용'을 전파하는 데 혼신의 힘을 다할 것임을 선언했다.[15] 이처럼 교과서포럼은 창립선언을 통해 실증주의를 역사 해석의 기본적인 자세로 내세우고 있지만, 역사에 옳고 그름이 있음을 결코 숨기려 하지 않는다. 역사 해석의 실증주의적 태도와 역사적 내용을 규범적 차원에서 판별하는 자세는 어느 정도로 받아들일 수 있는 것일까? 실증주의를 앞세우는 역사적 실증의 차원이 역사에 대한 규범적 태도와 뒤섞이면 역사 해석은 일종의 도덕철학 혹은 윤리학으로 '전락'하게 될 것이다.[16]

교과서포럼은 창립 후 곧바로 창립기념 학술회의를 개최하여 기존 교과서의 한국 현대사 해석을 집중적으로 비판한다. 기존 교과서가 광복과 대한민국 건국을 저평가하고 있으며, 분단의 책임을 지고 있는 북한체제가 지닌 문제점을 의도적으로 외면하고 있다고 비판한다. 그리고 경제성장과 산업화가 드러낸 부작용을 의도적으로 부각시키고 있으며, 독재정치를 지나치게 과장함으로써 제도적인 민주주의의 진전을 무시하고 있다고 비판한다.[17] 2006년 11월에 교과서포럼이 《한국 근·현대사》 교과서의 시안을 발표하는 심포지움을 개최하자, 학계 및 언론과 시민사회에서는 이를 둘러싸고 찬반양론이 들끓었다. 뉴라이트는 기존 교과서의 역사 인식이 '자학'적인 수준에 머물러 있다고 주장했지만, 특히 시안 발표를 계기로 역사 인식 문제, 일본·미국과 북한에 대한 입장을 둘러싼 민족 문제 인식 및 현실 인식과 대응 등을 중심으로 갈등은 폭발적으로 증폭되었다.[18]

이후 교과서포럼은 2008년 《대안 교과서 한국 근·현대사》를 간행함으로써 대안 교과서를 집필하겠다는 자신들의 약속을 지켰다. 대안 교과서가 간행되자 이에 대한 비판이 들끓었고, 여러 편의 비판 혹은 비평 논문이 나왔다.[19] 이를 통해 대안 교과서의 기본적인 특성만이 아니라, 역사 해석의 차이와 소소한 오류까지도 자세하게 드러나게 되었다. 여기에서는 선행 연구와 다소 중복되더라도, 이 책의 특성과 내용상의 문제점 그리고 뉴라이트 운동에서 갖는 독특한 위상 등에 대해 기술해보려 한다.[20]

이 책의 취지는 머리말에 잘 드러나 있다.[21] 이 책은 첫째 실증주의, 둘째 보편적 문명주의, 셋째 국제적 조건의 중시, 넷째 자유민주주의와 자유시장 경제에 바탕을 둔 '대한민국 중심주의'를 내걸고 있다.[22] 그러나 이 네 가지 가치 중에서 첫 번째의 실증주의와 다른 세 가지의 가치는 곧 모순적 관계에 놓이게 된다. 실증주의란 역사가의 주관적 개입을 피하고 '있는 그대로' 정확하게 서술하는 것을 가장 중요한 가치로 내세우지만, 교과서포럼이 내건 '보편적 문명주의'와 '대한민국 중심주의'는 자신들이 내세운 실증주의를 곧바로 위험에 빠뜨려버린다. 이런 점에서 교과서포럼의 실증주의는 가장 비실증주의적인 역사 서술로 전락할 가능성이 농후한 것이라 하겠다. 자유민주주의 특히 자유시장 경제를 가장 뛰어난 가치로 내세우면서, 어떻게 해석의 주관성을 피할 수 있는가? 이는 실증주의가 짊어진 숙명이 아니겠는가? 역사 해석에서의 가치 중립이란 '신화'에 지나지 않는다. 이런 점에서 이 책이 내세우는 실증주의는 시대착오적인 신화이거나, 다른 정치적 의도가 개입해 있다는 사실을 보여주는 표지에 지나지 않는다.

교과서포럼이 내세운 실증주의가 일종의 신화에 지나지 않는다는 사실은 그 내용과 관련하여 다음 몇 가지 사항을 지적하는 것만으로도 명확해진다. '식민지근대화론', '대한민국 중심주의', '북한배제론' 등을 중심으로 그 내용을 살펴보자. 첫째, 한국 근대를 보는 시각은 기본적으로 '식민지근대화론'의 입론에 입각하고 있다.[23] 식민지근대화론의 식민지에 대한 해명에는 부당한 전제와 과잉 해석이 깔려 있다. 오로지 자신의 욕망에만 충실한 '경제인' 또는 '합리적 행위자'와 같은 주체는 현실에서는 성립할 수 없다. 보통의 사람들은 대개의 경우, 다른 사람들과 함께 정체성을 공유함으로써 개인의 이익만을 추구하는 행위를 거슬러 행동하게 되는 것이다.[24] 또 식민지배하의 한국인은 경제 주체로서 심각하게 제약받고 있었으므로, 식민지에서 아무런 제약 없는 자율적 시장의 존재를 상정할 수도 없다. 이들은 시장을 중심으로 식민지를 바라봄으로써, 식민지의 개발과 성장을 지나치게 확대해석하게 된 것이다.[25] 이런 식의 식민지 이해의 연장선 위에서 해방 후의 경제성장을 지나치게 부각시키고, 이를 중심으로 한국의 '근대화'를 미화하고 있다. 식민지 시기 경제성장의 경험을 박정희 정권기 경제성장의 역사적 토대로 간주하는 식민지근대화론에 대해서는 이미 많은 비판이 있어 왔다.[26]

둘째, 가장 두드러진 특징 중의 하나는 '대한민국 중심주의'다. 대안 교과서는 1948년 남북한 정부 수립의 등가성을 인정하지 않고, 남한 정부 수립을 '건국'이라는 개념을 내세워 찬양한다. '대한민국 중심주의'에 입각한 해석은 여기에서 출발하는 셈이다. 또 좌파 정치 세력이 대한민국 성립에 저항한 배경을 북한 정권의 '국토완정론'으로 설정하는 반면, 이승만 정부의 북벌론을 '민족의 지상 과제인 북진통일'이라는 형태로 서술하고 있다. 이와 같이 남북한의 두 논리를 해석함으로써[27] 교묘하게 그 정치적 의도를 '왜곡'한다. 이는 대한민국 건국의 정당성을 확인하기 위해서일 것이나, 국토완정론과 북벌론은 1948~1950년에는 어디까지나 등가성을 지닌 것이었다.[28]

또 이승만 정권에 대한 과도한 평가는 대한민국 중심주의의 귀결이라 할 것이다. 이승만 정권이 자유민주주의적 정치 과정을 무시하고 일상적 억압체제를 구축한 측면은 무시하고, 의도하지 않은 경제적 효과를 이승만 정부의 업적으로 과도하게 연결시킨다. 이는 단지 '성공한 역사'를 합리화하려는 의도에 의한 것으로서, 대한민국 중심주의는 이승만 정권에 의해 다음 시대로 이어진다. 이에 더하여 박정희 정권의 경제성장은 '근대화 혁명'으로 찬양받는다. 하지만 이런 평가는 너무 과장되었을 뿐만 아니라, 근대화와 국민 형성 과정에서 드러나는 모든 부정적 측면을 '너무나도 간단하게' 무시한다. 5·16은 '근대화 혁명'의 출발이 아니라, 자유주의의 위기를 보여주는 것일 따름이다.[29] 뉴라이트가 근대화를 주장하는 것은 곧 자유민주주의의 위기를 인정하는 것과 등가의 감각일 터이다.

셋째, 대한민국 중심주의와 동전의 양면을 이루는 것이 북한을 야만적인 사회로 보는 시각이다. 보편적 문명주의의 시각에서 볼 때, 북한은 문명에 이르지 못한 야만적인 상태에 지나지 않는다. 그러므로 북한의 정부 수립은 건국이 될 수 없으며, 북한은 책의 전체 편성에서 보론補論 정도의 위치를 차지하는 것이 정당하다는 말이다.[30] 그러나 문명론을 내세운 이런한 인식에는 유교적 정통론이 역사 인식론의 기저에 군건하게 관철되어 있는 것처럼 보인다. 문명의 중심과 역사적 정통성이 남한 곧 한국에 있다는 발상이다. 북한을 한국사의 정통으로부터 배제함으로써 오히려 일국사를 강화하려는 의도, 곧 '배제를 통한 민족·국민의 강화'라는 내셔널 히스토리(일국사)의 고유한 의도가 담겨 있는 것처럼 보이기도 한다. 이처럼 대안 교과서는 '식민지근대화론', '대한민국 중심주의', 보편적 문명주의와 정통론에 의거한 '북한배제론'을 가장 중요한 입론의 근거로 삼는다. 이런 점에서 볼 때, 대안 교과서가 내세우는 실증주의란 정치적 입론과 해석을 은폐하는 신화적 도구에 지나지 않는다.

대안 교과서와 관련하여 마지막으로 지적할 사항은 '대안 교과서'라는 관용어에 대한 것이다. 자신들이 집필한 단행본에 '대안 교과서'라는 이름을 붙인 데서 다음과 같은 네 가지 측면의 문제점을 확인할 수 있다. 첫째, 교과서포럼이 기존 교과서가 정말로 문제라고 생각했다면, 먼저 교육부의 검정을 거친 새로운 교과서를 집필하여 채택되도록 했어야 했다. 그러나 그들은 교과서 시스템에 편입되는 것을 거부했다. 둘째, 따라서 그들의 교과서 검정 시스템에 대한 태도는 대단히 모호하고 음험한 구석이 있다. 검정 시스템 자체를 문제 삼는 것인지, 아니면 검정 시스템을 인정하는 것인지 불분명한 것이다. 셋째, 그들이 설사 검정 시스템을 인정한다고 하더라도, 검정 시스템 밖에서 '교과서'라는 이름을 붙인 단행본을 내는 것은 매우 심각한 정치적 행위가 된다. 교과서 비판을 학문적 차원 밖으로 끌고 가려는 의도를 처음부터 가지고 있었다고 볼 수밖에 없는 것은 이런 이유 때문이다. 넷째, 이에 더하여 자신들의 책에 '교과서'라는 이름을 붙이고 '대안'이라고 수식한 것은 역사 해석의 다양성을 부정하는 태도가 아니라고 보기가 어렵다. 역사 해석의 다양성을 인정하는 제스처를 취하면서도, 자신의 해석이 '대안'이라고 자처하는 것은 무슨 이유 때문인가? 다음 단계의 활동이 강한 정치성을 띨 것임을 예고하는 것이었을까?

'한국현대사학회' 창립과 '교육 과정' 개정 논란

2011년 8월, 한국 사회는 한국사 교육에서 '민주주의'의 성격과 헌법정신을 둘러싸고 새삼스러운 '논쟁'에 휩쓸렸다. 이 논쟁은 교육과학기술부의 '2009년 개정 교육 과정'에 따른 역사 교과목의 새로운 교육 과정을 발표하는 과정에서 불거진 '해프닝' 혹은 갈등이라고 볼 수도 있지만, 역사 교육을 둘러싼 오래된 논쟁이 개입되어 있다. 사태의 전말을 간단히 살펴보면 이러하다. 역사 교과목의 새로운 '교육 과정'을 개발하는데 교육과학기술부가 시안을 수정하여 최종안을 발표함으로써 논쟁은 시작되었다. 교육 과정 개발을 담당하는 국사편찬위원회 산하의 '역사교육과정 개발정책연구위원회'의 시안에 들어 있던 '민주주의' 개념을 교육과학기술부가 '자유민주주의'로 바꾸었고, 이에 대해 시안을 만든 위원회가 불복하는 입장을 표명했다. 개정 시안과 최종 개정안의 논쟁이 되었던 부분을 대조해보면 다음과 같다.

〈 표 〉 역사 교과 교육 과정 수정내용 대비

개정 시안 최종본	발표된 최종 개정안
② 4·19혁명으로부터 오늘날에 이르는 민주주의의 발전 과정을 살펴본다.	② 4·19혁명으로부터 오늘날에 이르는 자유민주주의의 발전 과정과 남겨진 과제를 살펴본다.

〈자료〉 〈고등학교 한국사 교육 과정 개정 시안(정책연구위)〉 및 〈고등학교 한국사 교육 과정 최종 고 시안〉(교육과학기술부)

교과부의 수정에 대해 시안을 개발한 '역사교육과정 개발정책연구위원회'가 반발하면서 논쟁이 불거졌고, 주로 민주주의 개념의 변경에 논쟁의 초점이 모였다.[31] '민주주의'가 '자유민주주의'로 변경되었고 '남겨진 과제'라는 부분이 추가되었는데, 교육과학기술부의 담당자도 인정하고 있듯이 교육 과정 변경에는 뉴라이트 성향의 연구 단체인 '한국현대사학회'의 입김이 강하게 작용하고 있었다.[32]

우선 민주주의를 자유민주주의로 변경한 것은 무엇 때문일까? 민주주의라는 일반 개념을 배제하고 자유민주주의라는 용어를 사용함으로써 인민민주주의 혹은 사회민주주의적인 함의를 배제하기 위한 것처럼 쉬이 이해할 수 있을 듯하지만,[33] 실은 함의하는 바를 파악하는 게 그리 간단한 문제만은 아닐 듯하다. 민주주의라는 표현은 인민민주주의를 찬양하는 도구가 될 수 있으며, 민주적 절차와 시장경제를 존중하는 자유민주주의를 내세움으로 이런 위험성을 배제해야 한다는 것이 한국현대사학회가 주장하는 공식적인 이유인데, 이는 남한 정부 수립을 건국이라는 개념으로 바꾸고 이승만을 '건국의 아버지'로 재평가해야 한다는 주장의 연장선상에 정확히 위치하는 것일 터이다. 또 국군에 대한 부정적 서술, 곧 한국전쟁 전후의 민간인 학살과 '5·18민주화운동'에서 진압군의 잔학성을 부각시키는 서술을 줄여야 한다는 주장과 동일한 궤도에서 작용하고 있는 것이다.[34]

그러나 이승만 정권이 자유민주주의적 절차를 무시함으로써 4·19민중항쟁이 초래되었다는 사실, 또 1960년대는 4·19로 초래된 한국 자유주의의 위기를 등에 업고 자유민주주의를 압살하려 했던 박정희의 '군사 쿠데타'로 시작된다는 사실은 어떻게 평가할 것인가? 이승만이 '건국의 아버지' 역할을 했다는 점을 강조할수록, 이승만 정권의 통치가 자유주의(혹은 자유민주주의)의 위기를 초래했으며 이로 인해 1960년대의 자유민주주의는 더욱 심각한 상황을 맞이하게 되었다는 사실이 역으로 더욱 뚜렷하게 부각된다. 뉴라이트의 주장에 따른다면, 이승만은 자신의 의도와는 전혀 반대되는 방식으로, 자유민주주의를 부정함으로써 자유민주주의에 기여했다는 말이 되지 않겠는가? 이 '의도하지 않은 역설'을 어찌해야 할 것인가?

다른 한편, 개정 시안의 변경과 관련해서 한국현대사학회는 유독 "한국의 높아진 위상을 파악할 것을 강조"하고 있는데,[35] 이는 강력한 데쟈뷰deja vu를 환기시킨다. 바로 2005년 1월에 창립된 교과서포럼의 선언이다. 교과서포럼의 창립선언문은 다음과 같이 말한다. "어떤 기준으로 가늠해보아도 대한민국은 '미션 임파서

블'을 이루어내었다고 자부할 수 있다. 평화적으로 민주화를 이룩하고 가난을 가난이 아닌 것으로 바꾸며 세계 제12대 무역대국으로 성장한 것도 '사실'이고 '리얼리즘'"이라고.[36] 대한민국의 미래 세대가 더 이상 '주홍글씨가 쓰여진 옷'을 입고 다니지 않도록, '창백한 역사 쓰기'를 그만두고 자부심에 가득찬 자화상을 써나가야 한다는 그 교과서포럼의 선언[37]이, 2011년 교육과학기술부의 교육 과정에 새로운 옷을 입고 그 모습을 드러낸 것이 아닌가? 한국사 교육은 '미션 임파서블'을 이뤄냄으로써 높아진 대한민국의 국제적 위상을 한국의 미래 세대들이 이해할 수 있도록 하는 임무를 져야 하는 것이리라!

또 여기에는 뉴라이트 운동이 담지하고 있는 민족주의의 성격이 뚜렷하게 반영되어 있다. '높아진 대한민국의 국제적 위상'이라는 표현에 뉴라이트 민족주의가 지닌 상징성이 녹아 있을 뿐만 아니라, 이 상징성을 교육과학기술부의 교육개정안을 통해 확인할 수 있다. 뉴라이트 민족주의의 상징성이란, 바로 확장 지향적이고 심지어는 공격적인 성격까지 포함하는 민족주의일 터이다.

역사학계에서는 개정 교육 과정을 재개정하기 위한 활동을 9월 이후에도 꾸준히 계속했다. 역사학계에서는 2011년 10월 7일에 학술회의를 개최하여 교육 과정에서 자유민주주의 개념을 고수해서는 안 된다고 목소리를 높여 성토했다.[38] 이후에도 역사학계를 중심으로 한 시민운동 단체의 반대운동이 이어졌으나 받아들여지지 않았다. 결국 교육과학기술부는 2011년 11월 8일 개정 교육 과정에 입각한 새로운 집필 기준을 발표했다. 새 집필 기준에서는 그동안 논란이 되었던 '자유민주주의'라는 용어와 추후 제기되었던 '한반도 유일 합법 정부'라는 표현이 그대로 유지되었다. 헌법의 '자유민주적 기본 질서'가 곧 자유민주주의를 의미한다는 점과 1948년 유엔총회 결의의 'Korea'라는 용어가 한반도 전체로 해석된다는 점이 그 표현을 유지하는 이유로 거론되었다.[39]

한 언론은 새로운 역사 교과서 집필 기준이 발표된 이후 '역사전쟁'이 본격화되었다고 평가했다. 422개 시민사회 단체가 연대하여 '친일·독재 미화와 교과서 개악을 저지하는 역사정의 실천연대'라는 긴 이름을 가진 단체를 발족시켜 집필 기준 개정을 요구하고 있는데, 이는 "역사에 대한 예의도, 학문적 염치도 없이 밀어붙이는 역사 왜곡"에 대한 시민사회의 거센 저항이라고 말한다.[40] 이처럼 치열한 역사전쟁에서 승리한 것은 뉴라이트 세력의 논리를 배경으로 한 이명박 정부의 역사 교육 정책이라고 할 수 있을 것이다. 하지만 여기에는 치명적인 약점이 내재되어 있다는 사실을 부인하기 어렵다.

2011년의 역사 교육 과정 개정 논란은 한국현대사학회의 창립을 그 정치적 배경으로 삼고 있다. 2011년 5월 20일 한국현대사학회가 발족했는데, 창립 취지로는 '한국 현대 사학계 일부 연구자들의 편향성과 연구 관점의 오류를 극복하기 위해 엄정한 객관성과 공정성'을 추구하고, '대한민국의 발전과 역대 정부의 역할에 대해 연구'하며, '대한민국의 역사 교육에 기여'하는 것 등을 들고 있다.[41] 한국현대사학회는 교과서포럼에서 중심적 역할을 하던 인물이 대부분 참여하고 있고, 창립 취지도 실증주의, 대한민국사 중심, 역사 교육 강조 등의 측면에서 대동소이하며, 기존 한국사 연구의 좌편향을 비판하고 있다는 점에서 '제2의 교과서포럼'의 성격을 띠고 있는 것이 확실하다.[42] 두 단체의 관련성에 대해 당사자들은 전혀 언급하고 있지 않으므로 현재로서는 그 성격을 명확히 하기 어려우나, 교과서포럼이 가진 협소한 성격을 극복하기 위해 더 폭이 넓은 '현대사 연구'를 표방한 것처럼 보이기도 한다. 그 창립의 취지나 단체의 성격 혹은 활동의 방식으로 보아, 이전 조직보다 활동의 폭을 넓힌다는 취지는 잘 구현된 것처럼 보이기도 한다.

한국현대사학회의 출범과 어깨를 나란히 하여《고등학교 한국사 교과서 참고자료》라는 책이 출판되었다. 정치학, 경제학, 사회학 전공자 세 사람이 참가하여 집필한 이 책은 고등학교 한국사 교과서가 반시장경제 이념을 부추기고 있으므로 이를 시정하기 위해 일선 고등학교에서 한국사를 가르치는 교사들을 대상으로 삼는다고 주장한다. 이 책이 대기업의 이해를 대변하는 전국경제인연합회의 지원을 받아 출간된 것은 이런 이유 때문이다.[43]

남한의 농지개혁은 북한의 토지개혁보다 훨씬 실질적이었으며, 1950년대의 수입 대체적 공업화를 중심으로 한 한국경제는 대단히 역동적인 것으로 재해석된다. 한일 국교 정상화와 베트남 파병은 한국의 경제성장을 위해 정당화될 뿐이다. 새마을운동과 한국형 발전 모델도 대단히 효율적인 것으로 재해석되었다. 특히 한국의 경제발전이 성공한 요인으로는 국가의 경제개발계획을 토대로, 시장친화적인 민간 중심의 발전 전략과 대외지향적인 개방 정책을 통하여 이른바 '창업 1세대' 민간 기업가들이 등장했기 때문이라고 해석하고 있다.[44] 심지어 "한국의 경제개발계획은 그 이름과는 달리 진정한 의미의 경제계획은 아니었다"고까지 강변한다. 한국의 개발 계획은 시장의 민간 경제 주체들에게 유인을 제공하여 경제 정책의 목표를 달성하려 했기 때문에, 단지 '지향적 계획 indicative planning'이었다는 것이다.[45]

이 책의 궁극적인 목표는 한국의 경제발전이 성공적인 것이었다는 점을 확인하고, 시장친화적인 발전 전략과 민간 기업가들의 기여가 가장 중요한 요인으로 작용하고 있었다고 해석하는 일인 듯하다. "한국의 경제발전은 농민과 노동자의 희생에 의한 것이고 그 혜택은 대기업들만 누렸"[46]다는 주장은 객관적 사실과 어긋나는 잘못된 역사 인식이라는 것이다. 그 대신에 이병철, 정주영, 박태준과 같은 경제적 발전을 일군 기업가들의 도전정신이 경제성장의 바탕에 깔려 있다는 점을 더욱 강조해야 마땅하다고 본다. 그러나 한국 경제의 성장을 두고 이처럼 시장과 민간 기업의 역할을 지나치게 강조하게 되면, 한국형 개발 계획의 주체이자 특징으로 지칭되는 발전 국가developmental state의 자율성은 어떻게 해석해야 할까?[47] 뉴라이트의 신자유주의적 시각이 생산한 왜곡된 박정희 시대 해석이라 하지 않을 수 없을 것이다.

교과서포럼 단계에서 대안 교과서를 집필하는 방식이 이제 경제발전에만 초점을 맞추어 보조자료를 집필하는 방식으로 운동 방식이 바뀐 것일까? 이것이 전략의 변화를 반영하는 것이라면, 경제 중심의 역사 해석에 대한 비판을 회피하는 방법으로는 적절한 것처럼 보이기도 한다. 하지만 경제 역시 언제나 정치적인 것이 아니던가? 자율적인 시장이 잘 돌아가던 역사가 언제 한 번이라도 있었던가?

'비역사적 역사' – 뉴라이트 역사 해석의 특징

지금까지 살펴본 것처럼, 뉴라이트 역사 인식은 크게 두 단계를 거치면서 진화해온 것으로 이해할 수 있다. 한편, 앞 장에서 '식민지근대화론', '대한민국 중심주의', '북한배제론' 등 세 가지 입론을 중심으로 뉴라이트 역사 인식의 내용을 살펴본 바 있다. 그렇다면 뉴라이트 역사 인식의 내용을 구성하는 각각의 입론이 어떤 인식론을 기반으로 구축되었는지 확인하면, 뉴라이트 역사 인식의 특징을 이해할 수 있게 될 것이다.

첫째, 식민지근대화론을 구성하는 인식론적 기반은 무엇인가? 역시 '근대화 이론'이라 할 수 있을 것이다. '근대화 이론'은 제2차 세계대전 이후 미국의 사회과학자들이 만들어낸 제3세계 발전 담론으로, 제3세계에 소속되는 지역을 총체적으로 변혁하여 기술합리적으로 통치해가기 위한 미국 외교 정책 독트린이자 이데올로기로서의 역할을 수행했다.[48] 근대화 이론이 유럽 중심주의가 정당성의 위기에 처하자 이를 방어하고 이를 통해 미국의 세계 지배 비전을 구체화하기 위해 입안되었다는 지적은, 근대화 이론이 지닌 정치적 측면을 가리키는 것이라 하겠다.[49] 근대화 이론은 제3세계 국가의 정치적 안정과 군사적 안보를 강화하기 위해서는 사회경제적 발전이 긴요하며, 경제 개발을 효율적으로 추진하기 위해서는 강력한 정치적 리더십이 필요하다고 보았다.[50] 근대화 이론가 로스토우Rostow는 케네디 행정부의 안보담당 보좌관으로 취임했고, 이와 관련하여 1960년대 이후 근대화 이론이 한국 사회에도 큰 영향을 미쳤음은 잘 알려져 있는 사실이다.[51]

근대화 이론은 경제성장과 산업화, 도시화를 비롯하여 사회의 전 영역에 걸쳐 거대한 변화를 동반하는 서구적 근대화의 길을 나머지 비서구 사회들이 일정한 시차를 두고 따라잡아야 할 단선적이고 보편적인 진보의 길이라고 본다.[52] 그러나 근대화 이론은 사회의 변화가 보편적이고 필연적인 과정이라고 간주하지만, 내용적으로는 그 변화의 과정이 자연적이지 않으며 인위적으로 진전시켜야 한다는 점을 강조하고 있었다.[53] 그리고 저발전된 제3세계 국가들이 자급자족 경제를 중심으로 하는 전통 부문과 근대적 상업경제가 중심이 되는 근대 부문으로 분리되어 있는데, 전통 부문이 발전의 주요한 장애로 작용하고 있으며 큰 정치적인 분쟁도 두 부문 사이에서 발생한다고 보았다.[54] 한편, 식민지 피지배의 경험을 경제성장이 가능한 주요한 전제로 상정한다. 제국주의 통치는 식민지의 근대화를 식민 정책의 목표로 삼고 있었으며, 이에 따라 저개발국은 식민지배를 통해 근대화의 혜택을 입었다는 점을 특히 강조했다.[55]

이렇게 본다면 식민지근대화론이 1950년대 후반 이후 발전 담론의 일환으로 세계 학계를 풍미했고 아직도 다양한 방식으로 재생산되고 있는 근대화론을 인식론적 기반으로 삼고 있다는 점을 잘 알 수 있다. 식민지근대화론 역시 서구적 근대화를 단선적 진보의 길로 보고 있으며, 경제성장을 통한 전통적 부문의 소멸을 중요한 발전의 지표로 삼고 있을 뿐만 아니라, 식민지 시대 근대화의 경험을 경제성장의 중요한 토대라고 해석하고 있는 것이다. 그러므로 식민지근대화론은 한국판 근대화론이라 해도 과언이 아닐 것이다.

둘째, 대한민국 중심주의를 지지하는 인식론적 바탕에는 무엇이 있는 것일까? 바로 '국가주의' 이데올로기가 아닌가 싶다. 뉴라이트 역사 인식은 국가 간에 충돌할 필요가 없는 건전한 애국주의를 함양하고, 배타적인 특성을 가진 민족주의는 비판해야 한다고 역설한다. "민족주의는 본래 배타적이고 폭력적인 이념이다. 그것은 자기 민족의 우월함을 주장하고 증명하기 위해 다른 민족들을 깎아내려야 하는데, 이 점에서 민족주의는 굳이 배타적일 필요가 없는 혈육이나 고향에 대한 애정과 구분"된다는 것이다.[56] 즉, 민족주의를 배제하고 혈육과 고향에 대한 애정을 강조함으로써 애국주의를 함양해야 한다고 본다. 또 대한민국 건국은 하나의 에피소드에 그치는 것이 아니라 문명사적 기념비로 평가되어야 할 것인데, 대한민국의 건국이 자유와 인권 그리고 민주주의를 지향하고 나아가 산업화와 민주화의 토대를 구축했기 때문이다.[57] 따라서 대한민국을 사랑하는 국가주의는 정당화될 수 있을 뿐만 아니라 적극적으로 권장되어야 하는 것이다.[58]

그러나 뉴라이트 역사 인식에서 드러나는 '애국주의'는 과연 그들이 주장하는 것처럼 배타적이거나 '유해'하지 않은 국가 중심의 이데올로기에 지나지 않는 것인가? 애국주의가 긍정적 역할을 수행하기 위해서는 시민불복종에 입각한 입헌적 애국주의Constitutional Patriotism여야 한다는 데 대해서는 많은 지적이 있었다. 입헌 정체의 시민들은 헌법을 함께 구성하고 공유하며 살아가는 동료라는 연대감을 느끼며, 이를 통해 부당한 권력과 정치 세력에 맞서서 저항하기도 하고 사회적 통합을 제고하여 체제를 안정시키는 데 기여하기도 하는데, 이것이 바로 입헌적 애국주의다.[59] 2009년을 전후하여 학계에서는 '민주적 애국주의', '진보적 애국주의' 혹은 '좋은 애국주의'처럼 특별한 애국주의의 필요성을 둘러싸고 논의가 있었지만,[60] 이 논의의 핵심은 국가에 보편성의 역할을 부여하는 정치적 시각을 도입하는 점에 있다는 지적에 귀를 기울일 필요가 있다.[61]

한편 애국주의가 세계시민주의와 곧바로 적대하는 이데올로기라고 하기에는 어려움이 있다. 세계시민주의가 애국주의와 병존하지 못할 이유는 없다. "세계시민주의자는 …… 다른 사람들이 ……민주국가에서 애국적 시민이 되어 살아갈 권리를 당연히 지지해야 한다"는 말은 바로 그런 측면을 지적한 것이다.[62] "공평무사하고 세계적인 것과 자신의 협소한 이익을 옹호하는 것은 서로 대립되는 태도가 아니라 복잡한 방식으로 결합"[63]되어 있다는 지적도 같은 차원이라고 할 것이다. 그런데도 애국주의가 국가 중심의 시각을 과도하게 강조하고 국가의 보편적 성격을 소환해내는 역할을 수행한다면, 그런 애국주의는 '나쁜 애국주의'[64]이거나 특수성만을 강조하는 국가주의라고 할 것이다. 뉴라이트가 강조하는 대한민국 중심주의와 그 기반에 놓인 애국주의가 과연 어떤 성격을 가진 것인지는 자명해 보인다.

뉴라이트 운동이 민족주의를 비판하고 그 대신 애국주의를 옹호하고 있지만, 애국주의가 건강한 보편주의 혹은 세계시민주의와 연결될 가능성은 적은 듯하다. 그와는 반대로, 뉴라이트의 애국주의가 민족주의의 변형이라는 점은 '애국적 세계주의'라는 기묘한 조어를 통해 확인할 수 있다. 뉴라이트 이론가를 자처하는 신지호는 '탈민족주의' 시대인 21세기에는 "바깥세계의 장점을 소화하여 자신의 경쟁력을 강화하는 자세"가 필요한데, 이것이 진정한 '진보'이며 '애국적 세계주의'라고 주장한다.[65] 그러나 그가 주장하는 애국적 세계주의는 단지 '닫힌 민족주의' 이상으로는 보이지 않는다.

그렇다면 뉴라이트의 민족주의는 어떤 특징을 가지고 있을까? 첫째, '대한민국 중심주의' 또는 '애국주의'로 표상되는 국가주의적 성격을 강하게 띠는 민족주의다. 뉴라이트 진영의 민족주의는 단지 민족이 국민으로 대체되어 표상된 것으로, 국민은 언제든지 민족으로 변환할 수 있는 성질의 것이다. 뉴라이트 역사 인식이 민족주의를 강하게 비판하고 있지만, 보편주의적 성격이 박약한 애국주의를 표방하고 있는 점이 바로 이를 증명하고 있다. 둘째, 국가 중심의 민족주의 때문이겠지만, 뉴라이트 민족주의는 민족 형성의 근대적 성격을 강조하며 민족 형성 과정에서 전통적인 상징의 역할을 부정하는 근대주의적이고 도구주의적인 민족 이론의 성격을 강하게 띤다. 셋째, 국가 중심적인 도구주의 민족 이론이 기묘하게 시장 중심의 논리와 결합하면서, 대단히 확장적이고 공세적인 민족주의로 변화하는 것처럼 보인다. 이런 측면은 역사 교육 과정 개정의 과정에서 이미 명쾌하게 드러나고 있다.

마지막으로 북한배제론의 인식론적 기저에는 무엇이 있을까? '문명과 야만'의 이항으로 구성된 '문명론'이 깔려 있다고 보아도 문제가 없을 것이다. 문명사 서술의 중요성을 애써 강조하는 이영훈에게 문명사는 "이기적 본성의 인간 개체를 출발점으로 하여, 그 인간을 둘러싼 가족과 친족의 역사, 마을과 단체의 역사, 사유재산과 화폐의 역사, 재분배와 시장의 역사, 문학과 예술과 사상의 역사 등의 문명소文明素"의 역사[66]이다. 서구의 문명론이 그렇듯이, 이영훈의 문명론 역시 대단히 위계적이고 배제적이다. 그가 거론한 문명소를 갖추지 못한 문명은, 문명으로서의 자격이 없다. 또 국가는 문명의 상징이고, 민족은 야만의 상징으로 비춰진다. 따라서 대한민국은 문명이고, 조선민주주의인민공화국(북한)은 야만이다. 이 오래된 이분법을 대하면, 민족주의 대신에 애국주의를 택한 의도를 곧바로 이해할 수 있다.

이주영은 '문명권' 이론을 동원하여 남북한의 문명사적 차이를 긍정하려 한다. 해방 후 남한은 미국의 해양문명권과 접촉함으로써 선진문명을 수용하여 비약적인 성장을 이룩한 반면, 북한은 대륙문명권에 계속 머물러 있는 바람에 발전의 계기를 잃었다는 것이다. 따라서 대한민국과 북한은 국가적 차이만이 아니라 문명사적 차이도 있으므로, 민족 지상·통일 지상의 민족주의는 인정할

수 없다고 강변한다. 또 대한민국의 근대화와 선진화는 외국 선진
문명의 영향을 받아 가능했다는 점을 인정해야 한다고 주장한
다.[67] 문명-야만의 도식에 근거한 기계적 민족주의 비판이 성장에
성공한 현실 국가 옹호론과 깊이 결합하고 있는 것이다.[68]

　이처럼 뉴라이트 역사 해석의 세 가지 입론, 곧 식민지근대화
론, 대한민국 중심주의, 북한배제론을 구성하는 인식론적 기반에
는 근대화론, 국가주의, 문명론이 각기 자리 잡고 있다. 그런데 '식
민지근대화론-근대화론', '대한민국 중심주의-국가주의', '북한배
제론-문명론'의 대쌍 구조 속에는 아주 특이한 논리적 공통점이
관통하고 있는 듯싶다. 아주 심각한 '단절의 논리'가 그것이다. '근
대화론'에는 전통과의 단절이, '국가주의'에는 세계와의 단절이,
그리고 '문명론'에는 야만('북한')과의 단절이 굳건히 버티고 있는
것이다. 물론 뉴라이트 역사 해석을 단절적으로 해석하는 데에는
단서가 필요하다. 시장 중심의 신자유주의 지향이 뉴라이트 역사
해석의 인식론적 기저를 이루는 것은 사실이지만, 대한민국 중심
의 국가주의-애국주의와는 충돌하지 않는다. 근대화론은 언제나
국가주의에 의해 견제되고 있는 것이다.

　요컨대 뉴라이트 역사 해석은 전통, 세계, 야만과의 단절을 그
인식론적 기반으로 삼고 있으며, 배타적 대상과의 단절을 통해 근
대, 국가, 문명의 순수성을 확인하려는 것이 바로 뉴라이트 역사
인식의 가장 큰 특징이 아닌가 한다. 이를 '비역사적 역사'[69]라고
부를 수 있을 것이다. 연속성을 부정함으로써 근대 역사학의 역사
인식론에 반하는 '비역사로서의 역사'가 바로 뉴라이트가 지향하

는 역사 해석이다.[70] 뉴라이트 역사 인식 속에서 시간과 공간 그리고 문명은 연속적 속성 위에 구축된 것이 아니라, 단속적이고 불규칙적이며 위계적인 성격을 가지고 있는 셈이다.

맺음말

뉴라이트 운동은 정치 지형의 역전에 따르는 정치적 상실감과 노무현 정부가 추진한 '과거 청산'에 대한 위기감 속에서, 2004년을 전후하여 폭발적으로 성장했다. 뉴라이트 운동의 역사 해석체계는 2008년을 계기로 두 단계로 나누어 살펴볼 수 있다. 교과서포럼이 2008년 《대안 교과서 한국 근·현대사》를 출간하기까지가 1단계이고, 2011년 한국현대사학회가 결성되어 교육 과정 개정에 정치적으로 개입한 것이 2단계이다. 1단계 운동은 기존 역사학계와 교과서에 반영된 역사 인식을 비판하고 대안적인 교과서를 발간하는 데 중점을 두었다. 반면 2단계 운동은 전국경제인연합회의 지원을 받아 새로운 인식체계를 담은 교과용 보조자료를 만들고, 역사 교육 과정 개정에 정치적으로 개입하는 방식으로 진행되었다.[71]

《대안 교과서 한국 근·현대사》에 드러나는 역사 해석의 특징은 '식민지근대화론'의 바탕을 이루는 '근대화 이론', '대한민국 중심주의'의 토대에 깔린 '국가주의', '북한배제론'의 기반에 자리 잡은 '문명론'이라는 세 쌍의 대쌍 구조를 통해 잘 드러난다. 한편 2011년 이후 한국현대사학회가 교육 과정 개정에 개입하면서, '자유민주주의'의 해석을 둘러싸고 역사학계와 첨예한 갈등 구조를 형성하게 되었다. 이 갈등의 본질은 대한민국의 정체성을 어떻게 해석할 것인가 하는 점에 있다. 요컨대 뉴라이트 역사 해석은 전통, 세계, 야만과의 단절을 통해 근대, 국가, 문명의 순수성을 확인하려는 데에서 그 본질을 확인할 수 있는 것이다. 그러므로 이를 '비역사적 역사'로 명명할 수 있으리라고 본다.

뉴라이트 역사 해석은 자신의 역사 인식과 그것을 소통하는 방식에서 '역사 교육' 나아가 '역사학이라는 학문의 장'에 대해 중대한 질문을 던지는 것처럼 보인다. 그 질문은 세 가지 방식으로 정리할 수 있을 듯하다. 마지막으로 그 질문을 검토해보기로 하자.

첫째, 뉴라이트의 '현실 권력을 이용한 정치'가 그들이 주장하는 '대안적 인식체계' 혹은 '대안적 교과서' 지향과 어느 정도로 상용하거나 상충하는가 하는 점이다. 뉴라이트 진영이 역사 교육 과정 개정에 개입하고 이를 통해 새로운 교과서를 만들려고 하는 일련의 시도는 반대로 교과서 '검정' 제도가 국정 교과서 제작과 그다지 다르지 않다는 사실을 웅변해준다.[72] 역사 교과서 검정 절차는 언제나 정치권의 의도를 어느 정도 반영할 수밖에 없는 그런 제도에 지나지 않는 것인가? 어느 역사 교과서 집필자의 항변처럼, 이명박 정권에 들어서며 교육과학기술부가 교과서 개정에서 보여준 태도를 통해 교과서 검정 과정과 국정 교과서 제작 과정은 전혀 다르지 않은 것이 되어버렸다.[73] 그렇다면 굳이 교과서 검정 제도를 유지할 이유가 있는가? 국정 제도로 회귀하든지, 아니면 검정 제도 자체를 폐기하고 자유발행제를 도입해야 하는 것은 아닌가?

혹은 검정檢定 교과서를 인정認定 교과서로 완전히 전환하고, 그 기준을 신축성 있게 설정하여 교과서 발행의 진입 문턱을 대폭 낮추는 방안도 고려해보아야 할 것이다.[74] 뉴라이트 운동은 역사 교과서 검정 제도가 한국 사회 혹은 한국 역사학계와 교육계를 통틀어 가장 후진적이고 억압적인 제도임을 아주 명확하게 보여주고 있다. 이와 관련하여 더욱 광범하고 근본적인 논의가 이어져야 할 것이다.

둘째, 뉴라이트 운동의 이데올로기는 어디까지나 성공한 국가를 옹호하는 민족주의, 강자의 민족주의에 지나지 않는다는 점을 잘 보여주고 있다. 성공한 역사를 합리화하며 또 하나의 민족주의를 구성하고 있을 따름이다. 그들이 스스로는 민족주의 역사학을 부정한다고 하지만, '대한민국 중심의 민족주의'임을 부정할 수 없는 것이다. 그렇다면 한국 민족주의가 나아가야 할 방향은 어디인가? 뉴라이트 정파는 자신들의 행위를 통해 새삼스러운 질문을 던지고 있는 것이리라.

셋째, 뉴라이트 정파의 역사 해석, 곧 한국판 '수정주의' 역사 해석은 '역사 해석의 현재성'이라는 측면에서, 바꿔 말하면 역사 해석이 다원화되어야 한다는 측면에서 옹호될 수 있는가? 아니면 지금까지 한국에서 나온 대부분의 비판처럼 도저히 용납될 수 없는, 혹은 수용되어서는 안 되는 일종의 도그마에 지나지 않는가? 이러한 심각한 질문을 던지고 있다. 하지만 그들은 '비역사적 역사'라는 메타역사학적 비판이 미치는 영향력을 스스로 갉아먹어버리는 방식으로 '인식'과 '운동'을 전개하고 있다. 그 결과, 근대 역사학의 주류적 경향을 대변하는 집단을 더욱 방어적으로 만들어 상호 소통 가능성을 위축시킬 뿐만 아니라, 근대 역사학의 내러티브를 대신할 만한 학문적 잠재력을 점차 잠식해가고 있다. 근대적 생명력을 상실해가고 있는 근대 역사학의 장[75]에 그들이 던지는 질문은 중대한 의미를 가지고 있는데도, 자신의 해석이나 논리를 스스로 얽어매는 권력적 접근을 도모함으로써 스스로 생명력을 고갈시켜버린 듯하다.

Chapter

탈식민주의
상상

Collaboration & Modern State
Concept History in Korea

Collaboration
& Modern
State

'협력'의 보편성과 근대 국가
– '친일반민족 행위' 진상 규명 작업의 성과와 과제

1990년대 이후 한국의 '과거 청산'은 '역사 바로 세우기'라는 이름으로 개혁의 차원에서 추진되었다.
하지만 권위주의 체제의 청산이 느렸던 것만큼이나, 아니 그것보다 더 과거 청산의 속도는 느렸던 것처럼 보인다.
1990년대 이후 대두한 과거 청산 요구는 권위주의 체제의 '민주화'라는 측면과 아울러
아래로부터의 '국민화'라는 측면을 아울러 갖고 있었다.

'죽은 자'를 대상으로 한 정의
– 친일반민족 행위 진상 규명의 역사적 의미

'우리'[1]는 먼 길을 돌아왔다. 그 먼 길의 '사이'에는 깊은 분노와 좌절 혹은 오랜 안도감과 은폐가 교차했다. 그리고 친일반민족 행위 진상규명위원회(이하 위원회)의 활동을 마감한 지금, 우리는 그 이전과는 명백히 다른 '새로운' 자리에 서게 되었다. 가깝게는 2004년 '일제강점하 친일반민족 행위 진상 규명에 관한 특별법'(이하 특별법)이 제정되어 4년 6개월 동안의 활동을 마감하기까지, 길게는 1948년 반민족 행위처벌법이 제정되어 활동을 시작했다가 해체된 이후 근 60년의 시기 동안, 우리는 그 오랜 망각의 기간을 거쳐 비로소 이 자리에 서게 된 것이다. 남한 정부 수립 이후 친일협력자 청산에 관한 논의는 미봉기, 망각기, 재론기로 나누어 살펴볼 수 있다. 반민특위의 활동이 미온적으로 마감된 뒤, 1987년까지 오랫 동안의 망각기를 거쳐서 재론되기에 이르렀다는 사실은 잘

알려져 있다.[2]

하지만 1987년 이후에 재론기가 도래했다고 하더라도 친일협력의 기억을 회복하는 방식으로 작동하지는 않았다. 이전에 국가에 의해 주도되었던 적극적 망각의 시기가 종말을 고했다고 하더라도, 재론기에 대두된 '친일파 청산' 논의 가운데서도 친일협력자에 대한 망각의 구조를 확인할 수 있는 것이다. 그것을 전자에 비추어 '소극적 망각'이라고 할 수 있겠는데, 친일협력자 청산을 주장하는 논의에서 발견할 수 있는 정형화된 기억의 구조가 그러하다.[3] 기억의 구조가 정형화·도식화된다는 것은 기억의 틀이 거꾸로 '기억하기remembrance' 자체를 억압하는 폐쇄적인 기능을 수행하게 된다는 뜻이다. 이처럼 '우리'는 '적극적'이고 '소극적'인 망각의 시기를 거쳐, 오늘 이 자리에 서게 된 것이다.

1990년대 이후 한국의 '과거 청산'은 '역사 바로 세우기'라는 이름으로 개혁의 차원에서 추진되었다. 하지만 권위주의 체제의 청산이 느렸던 것만큼이나, 아니 그것보다 더 과거 청산의 속도는 느렸던 것처럼 보인다. 1990년대 이후 대두한 과거 청산 요구는 권위주의 체제의 '민주화'라는 측면과 아울러 아래로부터의 '국민화'라는 측면을 아울러 갖고 있었다. 1990년대 이후 제정된 과거 청산과 관련한 20여 개를 상회하는 법률안 가운데서, 친일반민족행위 진상 규명에 관한 특별법을 제외하면 나머지는 모두 피해자 혹은 희생자의 요구에 의한 것이었다. 그런 점에서 '친일반민족행위'의 진실 규명을 요구하는 이 특별법은 '국민화'의 요구를 더욱 두드러지게 담고 있다고 하겠다.[4]

2004년에 특별법이 제정됨으로써, 이 법안은 실행 기구인 친일 반민족 행위진상 규명위원회가 출범하기도 전에 커다란 사회적 논란을 불러일으키기에 이른다.[5] 주지하다시피 이 시기에 '교과서 포럼'이라는 우파 학자들의 단체가 출범하여 중·고등학교 한국사 교육을 '바로잡겠다'고 나섰다. 그들은 중·고등학교 교과서가 심각한 이념적 편향을 드러내고 있다고 비판했으며, 또 미군정하 친일협력자 처리에 관한 비판적 서술은 교과서가 가진 편향성의 대표적인 사례로 거론되었다.[6] 이윽고 당시 노무현 대통령이 "시대를 거꾸로 살아온 사람들이 득세하는 역사"라고 했던 친일협력자 청산 혹은 반민특위와 관련한 언급이 새로운 우파적 역사 인식을 위한 시도의 당위성을 지지해주는 사례로 특필되기에 이르렀다.[7]

그렇다면 위원회 출범 당시의 논란이 의미하는 바는 무엇인가? 당시 특별법 발의와 공포에 찬성하든 반대하든, 대부분의 논의가 정치적인 성격을 강하게 띠고 있었다는 점은 확실하다. 이 문제가 제기되었던 정치적 맥락은 문제의 원래적 복잡성에 더해 이 논란을 더욱 예민한 문제로 만들었다. 이와 관련하여 필자는 위원회 출범을 전후하여 제기된 논란의 성격을 다음의 세 가지로 정리한 바 있다.

첫째, 특별법의 '진상 규명' 조항이 띤 '준사법적' 성격이다. 정부의 위원회와 국회가 각기 조사와 확정의 주체가 된다는 점에서, 그리고 이 법안에 의한 진상 규명 작업은 사법적 재판도 학문적 해석 행위도 아니라는 점에서, 나아가 '법적 실증주의'에 그 해석을 위임하고 있다는 점에서 '준사법적' 성격을 가진다고 보았다. 또한

'죽은 자'에 대한 준사법적 조치를 통해 '이행기의 정의'를 세우려 한다는 점에서 스스로 '정치적 행위'로서의 성격을 가지기도 하는 것이다.

둘째, 특별법은 친일반민족 행위가 범죄 행위라는 점을 무매개적으로 전제하고 있다는 점에서, 어떤 측면에서는 특별법을 통해 확정되는 '친일반민족 행위자'는 민족주의적 제의祭儀의 희생자가 될 수도 있다는 사실이다. 말하자면 반민족 행위가 범죄 행위가 되려면 민족이라는 범주의 경계가 명확해야 가능한 일이다. 한 정치 공동체의 충성과 반역 행위를 확정하는 작업은 대개 복잡한 권력의 논리와 결부되어 있는 경우가 많다. 그러나 특별법에는 이런 면이 무시되고 있으며, 친일반민족 행위를 조사하고 확정하는 작업 곧 '호명의 정치'를 통해 민족의 범주를 새로 만들어나가려는 의지가 담겨 있다는 지적이었다.[8]

셋째, 식민지기의 친일협력 행위란 '사회적인 것', 다시 말하면 사회적인 행위가 정치적인 차원의 문제로 변하게 될 때 비로소 부상하는 세계, 즉 '정치적인 것'의 의미와 관련된 행위라는 점을 강조한 바 있다. 그러므로 대개의 협력 행위는 정치적인 차원을 반영하는 정치 행위일 가능성이 농후하며, 그런 측면에서 친일협력 행위는 '책임윤리'의 세계를 반영한다는 것이다.[9]

이처럼 '위원회'는 출범과 아울러 가장 광범위하고 뿌리 깊은 정치적·사회적 논란에 휩싸였지만, 그런데도 그 논란의 무게에 비추어 볼 때 어쩌면 모든 과거사 청산 관련 위원회 가운데서도 가장 '홀가분한' 상태에서 활동을 시작할 수 있었다고 볼 수 있다. 조사 혹은 청산의 대상자가 대부분 사망한 상태였기 때문이다. 요컨대 이 위원회의 활동은 '죽은 자'를 대상으로 '역사적 정의'를 세우려는 '국가의 법적 행위'였다.

이 글에서는 '위원회'의 활동이 어느 정도 '준사법적' 성격을 가진다는 점, '호명의 정치'를 통해 행사되는 민족주의의 억압성을 주의해야 한다는 점, 그리고 '협력' 행위가 띤 정치적 성격을 윤리화하지 않는 데에 주의를 기울여야 한다는 점 등을 염두에 두고 위원회 활동의 성과와 과제를 점검해보려 한다.[10] Ⅱ에서는 '위원회'가 활동을 종료하면서 발간한 《친일반민족행위 진상규명보고서》[11]를 중심으로, 위원회가 벌인 활동의 성격, 반민족 행위의 조사 및 선정 과정 그리고 반민족 행위자 선정의 범위와 성격 등에 대해 살펴볼 것이다. 다음으로 Ⅲ에서는 친일협력 행위를 규정하는 방식을 대상으로 위원회의 성과를 법적이고 윤리적인 측면을 통해 살펴보고, 남은 과제를 트랜스내셔널한 차원의 문제 상황이 제기하는 보편성의 문제로 제기해보려 한다.

친일반민족행위 진상규명위원회의 활동과 성격

–《보고서》를 중심으로

• 1 – 친일반민족행위 진상규명위원회 활동의 성격

친일반민족행위 진상규명위원회는 2005년 5월 31일에 발족했는데, 위원회 발족을 위한 국회의 움직임은 2002년부터 시작되었다.

2003년 8월에 국회의원 안으로 특별법이 발의된 후 논란을 거듭하다가, 2004년 3월 특별법이 국회 본회의에서 의결되고 대통령에 의해 공포되었다. 그 뒤 2005년에 전문 개정을 거쳐 또다시 공포되었다.[12] 특별법 제1조에서는 위원회의 목적을 다음과 같이 명시하고 있다.

이 법은 일본제국주의의 국권 침탈이 시작된 러일전쟁 개전 시부터 1945년 8월 15일까지 일본제국주의를 위하여 행한 친일반민족 행위의 진상을 규명하여 역사의 진실과 민족의 정통성을 확인하고 사회 정의의 구현에 이바지함을 목적으로 한다.[13]

이처럼 특별법은 친일반민족 행위 진상 규명, 민족 정통성 확인, 사회정의 구현 등 세 가지를 목적으로 삼고 있다. 이러한 위원회 설립의 목적과 관련하여, 다음과 같은 두 가지 문제를 제기해보려 한다. 첫째, 친일협력자 '청산' 작업이 정부의 위원회, 곧 국가 차원에서 수행되는 데 대한 위원회의 입장이다. 둘째, 특별법의 가장 중요한 목적이 친일반민족 행위의 진상 규명이라는 점과 관련하여, 조사 대상의 성격에 대한 위원회 측의 해석을 살펴보고자 한다.

첫째, 위원회의 보고서에서는 친일협력자 '청산' 작업이 학계나 시민사회의 차원이 아닌 정부 차원에서 진행된다는 점을 매우 이례적인 것이라고 자평한다.[14] 그리고 국가의 역할을 다음과 같이 규정하고 강조한다. "과거 청산이 역사적 정리를 포함하고 있지만, 단순한 역사 해석과는 분명히 구별될 필요가 있다. 곧 국가가 역사 또는 기억의 주체가 될 수 있을 뿐만 아니라, 과거의 기억을 재구성하는 데 일정한 역할을 수행해야 한다는 것이다. 특히 전환기의 사회에서 새로운 규범을 만들어갈 때 국가 또한 과거 청산의 주체가 될 수 있다는 것이다."[15] 다시 말하면 국가가 전환기의 새로운 규범을 만들어나갈 수 있는 주체가 될 수 있고, 되어야 한다는 점을 드러내고 있는 것이다.

이처럼 국가의 규범 창출 역할을 강조하는 입장은 다음과 같이 이어진다. "종합적이고 체계적인 증거와 논리로써 친일 문제를 둘러싼 그간의 사회적 논란을 일단락" 지음으로써, "우리 사회 통합의 기틀을 마련하고, 사회 정의를 실현하며, 올바른 역사 인식을 정립"하는 것이 위원회 활동의 목표라고 주장한다. 따라서 "특별법에 따른 위원회는 친일반민족 행위의 역사적 과제에 대한 엄숙한 청산과 시민의 올바른 사회 의식 및 역사 의식의 정립에 기여하며, 미래 지향적인 사회로 나아가기 위해 민족사의 걸림돌을 제거하는 역사적 과업을 부여받았다"는 것이다. 요컨대 친일반민족 행위 진상 규명 작업은 한국 사회 과거사 청산 작업의 '시작점'이자 '중심축'으로서 지위를 가지고 있음을 강조한다.[16]

한편, 법안 제·개정과 위원회 활동을 통해서도 이런 목적의식은 잘 드러난다. 두 가지 사례를 들 수 있을 터인데, 하나는 2005년 특별법 1차 개정 때에 다음과 같은 사항을 추가했다는 점이다. 조사 대상이 되는 친일반민족 행위를 한 자 중 일본 군대 군인의 경우 종전 '중좌' 이상의 장교를 '소위' 이상의 장교로 바꾸는 개정을 단행했던 것이다.[17] 일반 관리의 경우 고등관 이상을 조사 대상으로 설정하고 있었기 때문에 군대의 고등관에 해당하는 소위로 기준을 변경하여 관료와 군인의 대상을 동일하게 하려는 것이었다.[18] 고등관 이상으로 동일하게 대상을 조정하는 작업이 필요했다는 점은 인정하더라도, 다른 정치적 의도가 개입해 있었을 개연성이 크다는 점을 부인할 수는 없겠다.

이와 같은 맥락에서, 위원회는 그들의 활동이 지닌 한계를 다음과 같은 점에서 확인한다. 즉, 증거주의에 입각하여 조사 사업이 진행되었기 때문에, 사회적 관심도가 매우 높은 인물인 박정희, 정일권, 김창룡, 신상묵 등에 대해서는 문서상의 입증 자료를 찾지 못하여 결정 대상에 넣지 못했다는 점을 강조하고 있는 것이다.[19] 이런 지적에는, 입증 자료를 찾지는 못했지만 거론된 인물들이 친일협력 행위를 했을 것이라는 '심증'을 조사자들이 전제하고 있음이 '무심코' 드러나 있다고 할 것이다.

실은 이 두 사례가 상통하는 측면을 가진 유사한 사실을 가리키고 있음을 알 수 있다. 사회적·정치적 관심이 높은 인물을 조사 대상에 편입하기 위해 법률을 개정했으나, 엄격한 증거주의 때문에 이들을 결정 대상으로 만드는 데에는 실패했다는 사실을《보고서》에서 밝히는 듯하다.[20] 이처럼 위원회는 국가의 규범을 창출하는 역할을 내세움으로써 특별법의 목적, 즉 민족 정통성을 확인하고 사회 정의의 구현에 이바지할 수 있다고 말하고 있지만, 과연 그러한가? 조사 방식의 증거주의 때문에 필요한 조사 대상을 모두 포괄하지 못했음을 스스로 밝히는 데서, 역으로 위원회의 친일협력자 청산 작업이 지닌 민족주의적 억압성과 윤리화의 측면이 가지는 위험성을 읽어야 하는 것은 아닐까?

둘째, 친일반민족 행위의 성격을 둘러싼 위원회의 해석과 관련한 문제를 살펴보고자 한다. 특별법이 규정하는 진상 규명의 구체적 목표와 대상은 무엇인가? 이와 관련하여 위원회에서는 행위 주체의 전인격적 판정이 아니라, '행위 중 일부'에 대한 판정이 자신들의 목표라고 강조한다. 이에 관한 서술을 인용해보자.

그러면 특별법에서 1차적으로 제시한 진상 규명의 구체적 목표와 대상은 무엇인가? 특별법에서는 제4조(위원회의 임무)에서 진상 규명의 구체적 과제를 제시하였다. 여기서는 '친일반민족 행위 조사 대상자'를 선정하여, 이에 대해 조사와 적법한 절차를 거쳐 '조사 대상자의 친일반민족 행위'를 결정하도록 하였다. 광복 이후의 '반민족 행위처벌법'은 처벌을 목적으로 한 것이기에 '반민족 행위자'의 결정이 목표였다. 그리고 이런 접근은 반민족 행위자=친일파라는 전 인격적 판정이라는 성격을 띠게 된다. 그러나 특별법은 처벌이 목적이 아니라 진상 규명이 목적이었다. 따라서 개인에 대한 전 인격적 판정을 목적으로 한 반민족 행위자로서의 결정이 아니라, 특정 개인에 있어 나타날 수 있는 다양한 행위 가운데 특정 행위가 친일반민족 행위에 해당한다는 점만을 결정하도록 하였다. 따라서 특별법 제20조(조사의 대상)에서는 조사 대상자가 국내외에서 행한 일제의 국권 침탈에 반대하거나 독립운동에 참여 또는 지원한 사실도 함께 조사하도록 하였다. 이와 같이 조사 대상자에 대해 친일반민족 행위와 독립운동 참여 사실 등을 함께 조사하도록 한 것은 조사 대상자를 친일반민족 행위자로서 전인격적 판단을 하고자 함이 아니라 조사 대상자의 행위 중 일부에 친일반민족 행위도 존재했다는 점을 밝히고자 한 것이다.[21]

다시 요약하면, 특별법의 목적이 진상 규명이기 때문에 전 인격적 판정을 목적으로 반민족 행위자로 결정하는 것이 아니라, 한 개인의 다양한 행위 가운데 특정 행위가 친일반민족 행위에 해당한다는 점을 결정하는 것이 위원회의 목표라는 것이다. 주목할 만한 해석이다.

한 개인의 특정 행위를 대상으로 진상을 규명한다는 것은 과연 어떤 의미인가? 여기에서 나치 독일의 홀로코스트에 협력한 전범 아이히만의 행위를 어떻게 판단해야 할 것인지를 두고 고민했던 한나 아렌트의 사유를 떠올리게 된다.[22] 나치 독일의 전체주의가 점점 심각하게 진행되면서 그 속에서 일상을 영위하는 개인들이 점점 더 기괴하고 예상하지 못한 사건에 직면하게 되었을 때, 그들에게는 어떤 판단과 행위가 요구되었을까? 관행적이고 '규범적인 판단'이 아니라 그 일상을 비판적으로 사유할 있는 '반성적 판단'이 필요했던 것이 아닐까? 친일협력자들 역시 자신의 일상을 비판적이고 반성적으로 판단할 수 있어야 했고, 그런 점에서 자신의 행위에 대해 정치적 책임을 져야 할 터이다.

하지만 협력자들의 행위를 판정의 대상으로 삼는다는 해석과 준사법적 성격을 띠고 있는 위원회의 활동이 과연 병립할 수 있는 것인지, 나아가 이런 정도의 목표를 가진 것이라면 과연 앞에서 거론한 국가의 행위로서의 규범 창출이라는 목적을 달성할 수 있을 것인지 의문이 들지 않을 수 없다. 곧 국가의 규범적 역할을 강조함으로써 국가 중심의 조사 활동을 정당화하는 입장을 두드러지게 강조하면서도, 다른 한편으로는 위원회의 목표가 친일반민족 행위자를 전 인격적으로 판정하는 것이 아니라 행위 중 일부가 친일 행위임을 판정하는 것이라는 점을 내세우는 것이 가능한 일인가? 어떤 개인의 특정 행위를 전인격적인 인격성에 대한 판정으로 몰고가지 않는 것은 대단히 중요한 일이겠지만, 이런 정도의 위원회 활동을 통해 국가의 규범 창출 행위가 충족될 수는 없을 것이다. 한편 전인격적인 판정이 누락된 상태에서 규범을 창출하는 행위가 불가능하다면, 국가의 규범 창출이라는 목적을 일찌감치 포기하는 편이 더 좋은 전략이었던 것은 아닐까?

• 2 – '친일반민족 행위'의 조사 및 선정 과정
친일반민족 행위의 조사 업무는 대개 다음과 같은 흐름을 통해 처리되었다. ① 조사 대상자 선정 → ② 공고 통지 및 이의 신청(60일 이내, 결과 통지는 30일 이내) → ③ 친일반민족 행위 확정 결정(위원 재적 과반수 의결) → ④ 공고 통지 및 이의 신청(대상자 60일 이내, 결과 통지는 30일 이내) → ⑤ 조사 보고서 작성 → ⑥ 대통령, 국회 보고(매년) 등의 여섯 단계를 거쳐 조사와 결정 과정을 거치도록 되어 있었다.[23] 이런 흐름에 따르면 선정된 조사 대상자의 공고에서 친일반민족 행위 결정까지는 대략 6개월 정도의 기간이 걸렸다. 그리고 이의 신청은 조사 대상자 선정에 대한 이의 신청과 친일반

민족 행위 결정에 대한 이의 신청의 단계를 거쳤다.[24]

그런데 이 과정에서 가장 중요한 작업은 조사 대상자를 선정하는 것이었다. 조사 대상자를 선정하는 경로는 대개 다섯 단계로 구성되었다.[25] 1단계는 조사 대상 분야를 범주화하고 기초 조사를 수행하는 과정이었다. 위원회는 조사 대상 분야를 크게 다섯 개 부문으로 나누고, 다시 그 안에서 여러 분야로 나누어 조사를 진행했다. 다섯 개 부문은 정치 부문(귀족, 중추원), 통치기구 부문(관료, 사법, 군인·헌병, 경찰·밀정), 사회·경제 부문(경제, 교육, 언론, 종교, 정치·사회단체), 문화 부문(학술, 문예), 해외 부문(중국 지역, 일본 지역, 기타 지역) 등이다.

2단계는 조사 대상의 모집단을 설정하는 과정이었다. 기초 조사를 통해 파악된 친일반민족 행위 관련 단체나 인명 등을 재정리하고, 각기 범주화된 조사 대상에 대해 분야별이나 시기별로 특징을 감안하여 상대적 균형을 고려하면서 조사 대상 모집단을 정했다. 3단계는 조사 후보 대상자의 기준을 설정하는 과정이었으며, 4단계에서 예비 조사 대상자를 추출했다. 그리고 이들을 대상으로 〈조사 대상자 선정 심의 자료〉를 작성하여 위원회에서 심의했다. 마지막 5단계에서 조사 대상자를 최종적으로 선정했는데, 심의 상정된 예비 조사 대상자에 대해 〈조사 대상자 선정 심의 자료〉에 포함된 1차 조사 내용을 토대로 위원회 회의에서 조사 대상자 선정, 기각, 보완 여부를 판정했다. 이들에 대해 통지하거나 공고하여 이해관계인에게 알리고 이의 신청 기간을 거치는데, 이 과정에서 2차 조사를 진행했다고 한다.

이처럼 대상 활동을 다섯 부문으로 나누어 모집단을 설정하고 이를 바탕으로 조사 대상자를 선정하는 방식으로 위원회 활동이 진행되었다. 그리고 조사의 기본 원칙과 방법은 객관적, 실증적 조사를 표방함으로써 당대 사료, 즉 문헌 자료에 의한 조사가 기본을 이루고 있었다. 조사는 크게 세 시기로 구분하여 진행되었는데, 제1기(일제강점 초기)는 1904년 러일전쟁 개전부터 1919년 3·1운동까지, 제2기(일제강점 중기)는 1919년 3·1운동부터 1937년 중일전쟁 개전 때까지, 그리고 제3기는 중일전쟁부터 1945년 8월 15일까지로 구분되었다.[26]

다른 한편, 《보고서 II》에서는 친일반민족 행위의 유형을 특별법 제2조에 의거하여 다음과 같이 네 개의 범주로 구분하고 있다. 매국 행위, 항일운동이나 독립운동에 대한 탄압 행위, 일제의 통치 기구에 참여하여 적극적으로 협력한 행위와 경제나 문화 침탈에 적극적으로 협력한 행위, 일제의 대륙 침략 행위에 적극적으로 협력한 행위 등이다.[27] 그 가운데 매국 행위에는 특별법 제2조에 거론된 친일반민족 행위 20개 항목 가운데 두 가지 항목, 탄압 행위에는 다섯 가지 항목, 세 번째 협력 행위에는 아홉 가지 항목, 네 번째 협력 행위에는 여섯 가지 항목이 해당하는 것으로 분류하고 있다. 전체 20개 항목 가운데 두 가지 항목이 중복되고 있지만, 전체적으로 세 번째로 분류된 친일 행위, 곧 통치기구에 참여하거나 경제 및 문화 침탈에 협력한 행위가 가장 많은 항목을 포괄하고 있다고 할 것이다.

즉, 위원회의 활동은 친일반민족 행위를 정치, 통치기구, 사회

경제, 문화, 해외 부문의 다섯 개 부문으로 나누고, 그 특징을 네
개의 범주로 구분하여 교차 확인하는 과정을 기본 절차로 삼아 진
행되었다.

• 3 – '친일반민족 행위자' 선정의 범위와 그 성격
이런 과정을 거쳐 확정된 친일반민족 행위 결정의 전모는 다음의
표를 통해 살펴볼 수 있다.

〈표 1〉 조사 대상자 선정·친일반민족 행위 결정 총계

조사 대상자 선정 심의		조사 대상자 선정에 대한 이의 신청		친일반민족 행위 결정 심의		친일반민족 행위 결정에 대한 이의 신청	
선정	기각	인용 (선정 취소)	기각 (선정 유지)	결정	기각	인용 (결정 취소)	기각 (결정 유지)
1,052	43	9	115	1,007	36	1	73

〈출전〉《보고서 II》, 261쪽.

조사 대상자로 선정한 사람은 모두 1,052명이었으나, 최종적으
로 1,007명이 친일반민족 행위자로 결정되었다. 조사 대상자로 선
정된 1,052명 가운데 124건의 이의 신청이 접수되었으나, 아홉 건
은 선정이 취소되었고 나머지 115건은 기각되었다. 취소된 9명을
제외한 나머지 1,043명에 대하여 조사를 진행하고 결정 심의를 하
여 1,007건이 결정되었던 것이다. 다시 그 가운데 74건의 이의 신
청이 접수되었으나 73건이 기각되어, 최종적으로 1,006명에 대한
친일반민족 행위가 확정되었다.[28]

이 가운데 각 부문별 친일반민족 행위의 선정과 결정 상황을 다음 표를 통해 살펴보자.

〈표 2〉 각 부문별 조사 대상자 선정 및 결정 총계

구분	정치	통치기구	사회경제	문화	해외
대상자 선정	388	274	207	100	83
행위 결정	383	272	186	84	81

〈출전〉《보고서 II》, 261~271쪽.

이 가운데 각 부문별로 세부 분야의 결정 인원 배치 상황을 보면 다음과 같다. 정치 분야는 귀족 중 수작자 65명, 귀족 중 습작자 74명, 중추원 관련자 244명으로 구성되어 있었다. 단, 중추원 관련자는 전체 343명이 대상이지만, 다른 분야에서 더 중요한 행위가 포착된 90명을 제외했으므로 중추원 관련자 전체 수는 더욱 늘어나게 될 것이다. 통치기구 부문에서는 전체 272명 가운데 관료 118명, 사법 32명, 군인 34명, 헌병 6명, 경찰 77명, 밀정 5명 등으로 구성되어 있어서, 역시 관료가 가장 많은 부분을 차지한다. 사회경제 부문에서는 경제 32명, 교육 22명, 언론 33명, 종교(기독교) 17명, 종교(불교) 9명, 종교(유교) 12명, 종교(천도교) 10명, 정치사회 단체 51명 등 186명이다. 문화 부문에서는 전체 85명 가운데 학술 20명, 그리고 문예 부문에서는 전체 85명 가운데, 문학 31명, 미술 5명, 연극 10명, 영화 7명, 음악 10명, 무용 1명, 기타 1명 등이 차지하고 있다. 마지막으로 해외 부문에서는 중국 지역 경찰이 10명, 중국 지역 단체가 51명, 만주국 관리가 12명, 일본 지역이 8

명으로 전체 81명이다.[29] 여기까지는 대체로 지금까지의 연구사적 경험과 크게 어긋나지 않는 듯하다.

다음으로 친일반민족 행위 중에서 가장 많은 유형을 차지하고 있는 것은 제2조의 제19호 항목, 즉 포상 혹은 훈공을 받은 행위다. 그 다음을 차지하는 것은 제9호로 중추원 관련자이며, 그 다음은 각각 행위 유형 제13호와 제17호로 침략 전쟁에 협력한 행위다. 포상이나 훈공을 제외한다면, 중추원 관련자와 침략 전쟁에 협력한 행위가 현저하게 많은 부분을 차지하고 있음을 알 수 있다.[30]

다음으로는 시기별 현황을 살펴보자. 전체 1,006명의 결정 인물 가운데 제1기(1904~1919)가 176명, 제2기(1919~1937)가 279명, 제3기(1937~1945)가 551명을 차지하고 있다. 우선 이를 통해 제3기가 압도적인 비율을 차지하고 있는 것을 확인할 수 있다. 각 시기별·연도별 평균 인원은 제1기가 11명, 제2기가 15명, 제3기가 69명으로, 제3기의 연도별 평균 인원이 상대적으로 매우 높다. 제3기는 8년에 미치지 못하는 짧은 시기이지만, 전체적으로 표에 드러나는 숫자보다 훨씬 더 높은 비율을 차지하고 있다. 전쟁하에서 총동원 정책이 실시됨에 따라 협력자의 수가 급속하게 늘어난 것을 확인할 수 있는데, 이는 총동원 정책 실시에 따라 강제성이 증폭되면서 친일협력 행위도 늘어났고 그러면서 더욱 복합적인 성격을 띠게 되었음을 말해준다.

한편 이 분포를 부문별로 따져보면 그 특징이 더욱 잘 드러나는데, 다음 표를 통해 살펴보자.

〈표 3〉 각 부문별 조사 대상자 선정 및 결정의 시기별 현황

구분	정치	통치기구	사회경제	문화	해외	합계
제1기	77	42	55	1	1	176
제2기	133	68	33	3	42	279
제3기	173(45)	162(60)	98(53)	80(95)	38(47)	551(55)
합계	383	272	186	84	81	1,006

〈출전〉《보고서 II》, 275~276쪽. (　)안은 비율.

전 부문에서 제3기가 차지하는 비율이 모두 높지만, 그중에서도 문화 부문과 통치기구 부문에서는 이 시기가 차지하는 비율이 더욱 높은 것을 확인할 수 있다. 이런 현상은 행위별 분포 중에 훈·포상을 받은 자와 전쟁 협력자가 많은 현상과 부합한다. 그리고 해외 부문에서도 만주국 성립 이후 시기가 차지하는 비율이 높다는 점을 확인할 수 있다.

이 현황을 통해 다음과 같은 몇 가지 특징을 찾을 수 있다. 첫째, 문화 부문의 친일협력 행위는 전쟁 협력 행위와 특히 깊은 연관을 가진 것이었다. 이는 역으로 '총력전 체제'가 구축되고 총동원 정책이 시행되지 않았더라면, 문화 부문에서 체제에 협력하는 행위를 상정하기란 대단히 어렵다는 점을 확인해준다. 둘째, 통치기구 부문만이 아니라, 정치와 사회경제 부문에서도 이 시기가 차지하는 비율이 절반을 상회하거나 그에 육박하는 비율을 차지하고 있다. 특히 직위가 아니라 행위를 기준으로 친일협력자를 가른다고 하면, 전쟁 협력 행위가 가장 큰 부분을 차지하게 된다는 점을 다시 한 번 확인하게 된다. 이 두 가지 특징의 연장선 위에서, 친일협력 행위란 앞서 말한 바와 같이 '사회적인 것'이 '정치적인 것'과

조우할 때 드러나는 정치 행위라는 점을 잘 확인할 수 있다는 것이 또 다른 특징이다. 그러므로 단지 사회적인 활동을 하거나 통치기구에 포섭되어 있는 것으로는 친일협력 행위가 잘 드러나지 않는다는 점을 또다시 확인하게 되는 것이다. 여기서는 친일협력 행위의 압도적 다수는 전쟁 협력 행위가 차지하고 있음을 확인해두고자 한다.

이러한 특징과 아울러 다음과 같은 몇 가지 문제점도 지적해둘 필요가 있겠다. 첫째, 〈표 3〉에서 보는 바와 같이 전체 대상자의 55퍼센트가 제3기의 '전쟁 협력자'라는 점이다. 이는 총동원 정책이 실시됨에 따라 급속하게 협력자가 늘어났음을 반증하는 것이기도 하지만, 조사자 선정에서 기구와 단체에 소속된 사람을 중심으로, 문서 자료를 위주로 작업을 진행한 점과 관련되어 있을 것이다. 둘째, '병합' 이전, 곧 1904년부터 1909년까지의 '보호국' 기간을 조사 대상 기간으로 설정한 점이다. 이 시기의 친일협력 행위가 과연 병합 이후의 행위와 동질적인 것인지에 대해 엄밀한 검토가 필요할 것이다.

다음으로 《보고서》에서는 반민특위 및 광복회가 제시한 명단과 비교 작업을 수행하고 있는데,[31] 이에 대해 자세히 살펴보도록 하자. 이번 위원회에서는 반민특위 관련자 767명 중 251명, 그리고 광복회 명단 698명 중 552명을 조사했다. 따라서 반민특위 명단 가운데 약 67퍼센트에 해당하는 516명과 '광복회 명단'의 약 21퍼센트에 해당하는 146명에 대해서는 조사를 진행하지 못했다. 이처럼 많은 수를 조사하지 못한 것은 주로 문헌 자료를 이용하여 조사했기 때문일 것이다. 그러나 위원회는 반민특위처럼 직위가 아니라 '행위'를 중심으로 조사했기 때문이라고 판단하고 있다. 이런 결과는 앞서 본 바와 같이, 모집단을 설정하고 문서를 중심으로 조사 작업을 진행했기 때문에 나타난 결과일 것이다.

그럼에도 위원회 활동은 방대한 조사 활동을 수반한 것으로서, 그때까지의 학계의 실증 연구 성과를 집대성하고 그에 기반하여 조심스럽게 선정 작업을 진행했다고 해도 좋을 것이다. 분야별 조사 과정을 집대성한 조사 보고서 4권을 보면, 그런 저간의 사정을 잘 확인할 수 있다. 단적으로 귀족 분야의 결정 과정을 보자. 귀족 분야에서는 141명이 결정 심의의 대상이 되었는데, 심의한 결과 습작자 2명을 기각하고, 이재면을 비롯한 수작자 64명, 습작자 74명 등 총 139명을 친일반민족 행위로 결정했다.[32] 결정 과정은 행위자들의 행위를 중심으로 대단히 신중하게 선정했음을 확인할 수 있다. 이리하여 1,000여 명에 걸친 방대한 조사 성과를 남겼으며, 지금까지 등한시되어 왔던 특정 분야에 대해서는 뛰어난 조사 결과를 거두었던 것이다.

친일반민족행위 진상규명위원회의 성과와 과제

● 1 – '행위' 개념과 책임의 문제

위원회 활동의 주요 성과는 '행위' 개념과 정치적 '책임'의 문제를 통해 짚어볼 수 있다. 첫째, 행위 개념을 대상으로 한 점이다. 앞서 말한 바와 같이, 친일반민족 행위를 한 주체인 행위자가 아니라, 행위 자체를 조사의 대상으로 한다는 점을 확인한 것이 큰 성과가 아닐까 한다. 그러나 행위를 조사 대상으로 한다는 점이 법률 규정에는 분명하게 명시되어 있지 않다. 또 설사 그 점이 조사 과정에서 분명하게 인지되고 있었다고 하더라도, 위원회 활동의 임무가 한 인격자의 행위를 바탕으로 '행위자'의 성격을 결정짓고 그를 '친일반민족 행위자'로 선정하는 데에 초점이 놓여 있었다는 사실 사이에는 먼 거리가 놓여 있다는 사실을 직시해야 할 것이다.

행위자 개념이 아니라 행위 개념에 주목할 것을 주장한 박연철은 조사 대상자들의 유족들이 가질 수 있는 다음과 같은 우려를 환기한다. 곧 위원회의 조사–결정 행위가 자신의 선대를 반민족 행위자라고 낙인을 찍는 명예형이 되고, 이로 인해 후대들이 정치적·사회적으로 차별당하고 불이익을 받게 되지 않을까 하는 우려가 그것이다. 후대들이 받을 수 있는 정서적인 타격에 대한 우려와 위원회 활동은 당연히 민족 화합을 도모해야 한다는 당위를 내세워, 행위 중심의 판정으로 관심을 유도하고 있는 것이다.[33]

이 점은 위원회 활동의 성격이 준사법적 성격을 띤다는 점을 다시 한 번 확인해주는 것으로, 국가의 개입과 역할 설정에 대해 더욱 신중했어야 한다는 점을 시사한다. 이런 측면에서 첫 번째 문제, 곧 행위와 행위자의 관련 문제는 이번 위원회 활동의 가장 큰 성과이기도 하지만, 위원회 활동의 성과가 안고 있는 문제점을 가장 적나라하게 드러내는 지표라고도 할 수 있을 것이다.

둘째, 친일협력 행위의 정치적 책임과 관련한 문제이다. 한 공동체에 대한 충성과 반역의 문제를 다루어야 하는 위원회의 활동은, 정치적 책임의 문제와 공동체에 대한 충성이라는 윤리적 차원의 문제가 교차하는 지점에 놓여 있음을 다시금 강조할 필요가 있다. 위원회는 친일협력 행위라고 하는, 한국 사회의 가장 아프고 민감한 경험 혹은 기억의 문제를 다루고 있다. 하지만 한 개인의 행위가 정치 공동체에 대해 반역 행위를 했는지 여부는 언제나 복잡한 문제를 동반한다. 우선 그 공동체가 갖는 경계나 정체성을 판별하는 일부터 단순하지 않거니와, 특히 그 공동체가 형성되거나 변화하는 과정에 있을 경우에는 더욱 그러하다. 식민지 시대의 피식민지민들은 직접적이고 가시적인 외부 권력 곧 식민 권력으로부터 '충성'을 강요받고 있었지만, 모반을 꾀하는 힘을 발생시키는 민족주의적인 이데올로기와 공동체는 간접적이고 비가시적인 상황에 놓여 있었다. 식민지기의 조선인들에게 '충성'의 집중력을 뛰어넘는 '모반'의 힘을 폭발시키는 것이 쉬운 일은 아니었던 것이다.[34]

어떤 정치 공동체에서든 충성의 논리는 언제나 정치와 윤리의 경계를 흔들리며 나아가는 것이다. 한 공동체가 경험한 협력 행위는 이런 점에서 충성과 반역의 미묘한 경계를 오가며, 정치와 윤리 사이에서 줄타기를 하고 있는 것이리라.[35] 그런 점에서 볼 때, 한 개인은 자신이 경험한 협력 행위를 정치와 윤리 사이를 영원히 오가는 '시지프스의 운명'으로 받아들여야 할 것이다.[36]

어느 사회든 과거 청산에는 도덕적이고 규범적인 명분이 동원되기 마련이다. 그러나 과거 청산에서 문제가 되는 것은 과거 그 자체가 아닐지도 모른다. 과거 청산은 본질적으로 '기억 만들기'

혹은 기억을 다루는 정치이다. 그러므로 과거 청산에서 가장 주의해야 할 사항이 선악의 이분법적 시각이라는 사실은 다른 나라의 과거 청산에서도 확인할 수 있는 바이다.[37]

이제 우리는 친일반민족 행위(자)를 국가가 명백히 경계를 짓고 구분함으로써, 일종의 정치적인 책임을 물을 수 있게 되었다. 그 정치적 책임이 어떤 것인지는 앞으로 우리의 '정치 공동체'가 규정해나가야 할 것이다. 하지만 정치를 윤리화하는 데에 관심을 쏟는 공동체(사회)는 그만큼 명분에 집착하는 사회이며, 건강한 사회일 리 만무하다. 한국 사회는 친일협력자를 윤리화하지 않으면서 정치적 책임을 물을 수 있어야 한다. 이것이 위원회 활동이 남기고 있는 과제가 아니겠는가?

• 2 – 트랜스내셔널 문제 상황과 '협력의 정치'

위원회 활동이 남긴 과제를 친일협력 행위가 처한 트랜스내셔널 문제 상황과 '협력의 정치'라는 두 가지 차원에서 제기해보고자 한다. 첫째, 트랜스내셔널 문제 상황이란 무엇인가? 위원회의 《보고서》에서는 특별법이 세계적으로 진행되는 과거사 청산 작업의 보편적 흐름과도 부합하는 의미가 있다고 강조하고 있다. 특히 식민지 지배를 경험한 나라 가운데 해방 60주년이 지난 시점에 과거의 문제를 처리한다는 것은 세계사적으로 전례를 찾아보기 쉽지 않다고 자평한다.[38]

이렇듯 전례가 드문 활동을 통해 우리는 다음과 같은 사실을 확인할 수 있었다. 친일협력 행위란 일본제국주의의 식민지배에 의해 생겨난 것이라는 점이다. 그래서 전쟁 협력 행위가 협력 행위의 압도적인 다수를 차지하고 있다. 그런 점에서 친일협력 행위를 조사하고 청산하는 작업은 제국주의 지배 자체를 문제 삼는 것으로서 언제나 트랜스내셔널한 상황에 얽혀 있다는 점을 자각할 필요가 있다.

따라서 민족 공동체에 대한 반역 행위는 그 기원, 범위, 영향 등의 측면에서 언제나 공동체를 넘어서 있다는 사실을 망각해서는 안 된다. 이런 사정을 염두에 둘 때에 비로소 협력 행위가 가지는 트랜스내셔널한 본성과 이에 바탕한 보편성에 대해 이야기할 수 있을 것이다. 한국에서의 친일협력자 청산이 일본제국주의의 식민지배 책임과 맞물려 있다는 지적은 이런 점에서 정당하다.[39] 협력 행위에 대해 책임을 묻는 것은 식민지배에 대해 책임을 묻는 일과 동일한 사태의 양면을 이루고 있는 것이다. 또 《보고서》에서도 강조되고 있듯이, 친일협력자 청산의 역사적 경험은 동아시아 국제질서의 향방에도 여전히 영향을 미치고 있다.[40] 협력 행위의 특수성만 강조하는 것은 미숙하고 부질없을 뿐만 아니라, 민족 감정을 부추기는 매우 '위험한' 일이 되기도 할 것이다. 이스라엘 지배 하의 팔레스타인 사회를 제외한다면, '협력' 문제가 한국만큼 중요한 의제로 취급되는 사회가 없다는 지적도 있다.[41] 이제 협력자 문제를 더 이상 한국만의 특수한 문제로 취급해서는 안 될 것이다.

둘째, 위원회 활동은 '협력의 정치' 곧 협력 행위가 지닌 보편성의 문제를 환기하는 것처럼 보인다. 식민지 지배와 전후 점령은 상당히 동형성同形性을 띤다. 양자는 모두 기존의 사회체제와 철학을 변형하거나 파괴하고 새로운 철학과 체제를 수립하는 것을 목표로 삼는다. 이 과정에서 협력자와 협력 행위는 대단히 중요한 역할을 수행한다. 그러므로 근대국가와 협력의 성격 문제는 긴밀히 관련되기 마련이다. 이런 측면에서 나는 협력 행위를 통해 근대국가의 성격을 파악하고 유형화할 수도 있을 것이라고 본다. 다시 말하면, 협력이라는 용어는 근대국가 혹은 근대권력 일반과 깊은 관련을 가지며, 그 속성을 파악하는 개념으로 사용할 수도 있다.[42]

일본제국주의 역시 원활한 전시 동원과 식민지 지배를 위해 조선인 협력자가 필요했으며, 조선인들 가운데서도 식민지 권력과의 '특권적 대화자'로 선택되기를 바라는 사람이 많았다. 이런 상호관계를 통해 식민지배는 유지되었던 것이다. 위원회의 활동을 통해 이런 식민지 지배의 특성을 잘 이해할 수 있게 되었다. 이런 점에서 조선인들의 친일협력 행위를 근대국가 일반이 겪는 일반적인 정치적 문제로 보편화할 임무를 지고 있다고도 할 수 있을 것이다. 이런 과제를 해결함으로써 우리는 친일협력 행위의 정치적 책임을 묻는 데 한 발짝 더 다가설 수 있게 될 것이다.

다시 '협력 행위 청산'이란 무엇인가?

《보고서》를 통해 살펴본 위원회 활동의 성과는 다음 세 가지로 정리할 수 있겠다. 첫째, 위원회는 특별법이 규정하는 진상 규명의 구체적 목표가 조사·결정 대상자의 전인격이 아니라 '행위 중 일부'에 대한 판정을 목표로 삼았음을 분명히 했다는 점이다. 이런 목표는 위원회의 활동이 준사법적 성격을 띨 수 있다는 우려를 불식하기 위한 노력의 일환으로 보인다. 또한 이를 통해 비로소 협력 행위에 대한 정치적 책임을 묻는 일이 가능해졌다는 점에서 과거 청산 논의에 있어서는 큰 진전이라 할 수 있다. 둘째, 진상 규명의 구체적 목표를 협력 행위에 국한시킴으로써, 국가기구로서의 위원회 활동이 규범을 창출하는 역할을 수행해야 한다는 정당성을 완화시킬 수 있었다는 점이다. 조사 대상자의 전인격을 윤리적으로 판단하고 국가 통합과 사회 정의를 확립하기 위해 새로운 규범을 창출해야 한다는 위원회의 강박적 목적의식이 상당히 완화되어 표출되었던 것은 이런 이유 때문일 것이다. 셋째, 조사 대상자 선정이 기관 중심이고 시기별 편중을 보이는 등의 문제가 없는 것은 아니지만, 지금까지 학계의 연구 성과를 집대성하고 이를 바탕으로 더욱 폭넓은 조사 활동을 진행했다는 면에서 《보고서》를 귀중한 학문적 성과라고 평가할 수 있다. 이제 이런 성과를 바탕으로 친일협력자에 대해 더욱 심층적인 연구 성과를 거두어야 할 것이다.

또한 위원회 활동은 다음과 같은 새로운 과제를 제기하고 있다. 첫째, 친일협력 행위를 조사하고 청산하는 작업은 제국주의 지배 자체를 전체적으로 문제 삼는 것이라는 측면에서 언제나 트랜스내셔널한 과제가 된다. 협력자의 책임을 묻는 일은 제국주의의 식민지배 책임을 묻는 일과 동일한 사태의 양면을 이루고 있다. 한국에서의 친일협력자 청산의 경험이 동아시아 국제질서의 향방에도 깊은 영향을 미치고 있다는 지적은 바로 이를 두고 하는 말이다. 또 협력자 조사와 청산의 문제가 한국적 특수성의 맥락에 묻혀버리면 안 되는 것도 이 때문이다. 둘째, 협력 행위가 트랜스내셔널한 맥락에서 구성된다는 지적은 협력 행위가 지닌 보편성의 측면을 환기시킨다. 식민지배를 포함하여 근대국가가 실행하는 근대적 형식의 모든 점령 행위에는 반드시 협력 행위가 동반될 수밖에 없다. 따라서 협력의 성격을 따지는 문제는 근대국가의 성격을 파악하는 일과 깊이 관련된다. 근대국가와 그 권력의 속성을 이해하는 중요한 매개 개념으로 협력 행위를 바라볼 필요가 있는 것이다.

《보고서》는 정부 차원의 후속 조치가 마련되어야 한다는 점을 특히 강조한다. 위원회 활동의 기록물과 수집 자료를 체계적으로 보존·활용할 수 있는 제도를 마련하고, 위원회 성과의 사회적 활용과 미래 지향적인 역사 발전을 위한 기구를 설립해야 한다는 것이다. 곧 전시 기능, 자료센터, 연구 기능 등을 고루 갖춘 '사료관' 건립을 위한 정부 차원의 적극적인 지원을 요구하고 있다.[43] 이런 요구 역시 지극히 당연하다. 이제 친일협력자 연구를 본격적으로 시작할 수 있는 출발선에 서게 되었으므로, 학계와 시민사회의 노력은 물론 정부의 지원도 지속되어야 할 것이다.

우리는 먼 길을 에둘러 지금의 자리에 서게 되었다. 그러나 온 것만큼의 길이 남았거나, 아니면 갈 길이 더 많이 남았는지도 모른다. 길을 잃거나 방향을 상실하지 않으려면 더욱 정신을 차려야 한다. 위원회 활동의 성과를 바탕으로, 협력의 문제를 더 이상 윤리화하지 않으면서, 그것이 트랜스내셔널한 상황의 산물이라는 점을 확인하고, 이를 통해 협력 문제를 근대국가 일반이 당면한 보편적인 문제로 만들어가야 하는 과제를 안고 있기 때문이다.

Concept History in Korea

정치 주체 개념의 분리와 통합
– 한국 개념사 연구의 지평

독일 개념사 연구의 권위자 코젤렉에 따르면, 정치·사회적 개념어에는 세 가지의 시간층이 동시에 중첩될 수 있다고 한다. 첫째는 오래전에 존재하던 용어로 지금도 그 의미가 어느 정도 존속하고 있는 개념, 둘째로는 이전에도 단어로는 존재했으나 사회적으로 재구성되고 재번역되어 그 의미가 현저하게 달라진 경우, 셋째는 새로운 시대에 새로 만들어진 개념이다.

개념사 연구의 현재

이 글에서는 박명규의 《국민·인민·시민—개념사로 본 한국의 정치 주체》[1]와 박찬승의 《민족·민족주의》[2]라는 두 권의 '묵직한' 개념사 저작을 중심으로, 지금의 한국 개념사 연구의 성과를 점검하고 새로운 지향을 모색해보려 한다. 근대 한국의 정치 주체를 개념사적 방법론에 입각하여 다룬 두 권의 저작은 한림과학원이 추진하고 있는 〈한국개념사총서〉의 일부로 간행된 것으로, 다음과 같은 몇 가지 점에서 한국 학계가 처한 '개념사 연구의 현재'를 잘 보여주는 중요한 성과로 평가할 수 있을 듯하다.

첫째, 두 저작은 지금까지 학문적 논의의 대상으로도, 또 개념사 연구의 대상 가운데서도 가장 다루기 버거웠던 정치 주체 개념을 대상으로 한 연구라는 점이다. 그 성과는 제쳐두고라도, 특히 논쟁적이기로 '악명 높은' 민족 개념과 국민 개념을 능숙하게 다루어 세련된 결과로 제출했다는 점에서 높이 평가하지 않을 이유가 없다. 이런 측면과 관련해서 필자는 가히 한국 학계와 시민사회의 정치적 성숙성을 실감하는 바이기도 하다.

둘째, 일반적으로 거론하듯이, 한국의 개념사 연구는 서구에서 오랜 역사적 과정을 거쳐 형성된 개념이 일본 아니면 중국에서 어떤 식으로 번역되어서 어떤 과정을 거쳐 한국에 수용되어 굴절되고 정착되었는가 하는 3중의 중첩된 과제를 다루어야 하는 '숙명'을 지고 있다. 하영선은 그것을 '한반도 개념사의 심층 구조'[3]라는 말로 표현하기도 하지만, 개념의 번역 혹은 수용이라는 측면에서는 이를 '이중의 굴절'이라고 표현할 수 있겠다. 특히 타문화권 번역의 과정에서 이루어지는 '번역과 전유의 다층적 과정'[4] 역시, 이중의 굴절을 구성하는 하나의 과정이라 할 수 있을 것이다.

이중의 굴절이라는 일종의 딜레마는 이미 개념을 수용할 당시에도 한국인들에 의해 의식되고 있었다. 한국 교포들이 미국에서 발간하던 《공립신보》의 논설에는 그 어려움이 다음과 같이 표현되어 있다. "일본에서 공부하는 것은 '그림자의 그림자'이며, 그러니 왜 오리지널을 공부할 수 있는 미국에 와서 적어도 스스로의 '그림자'를 형성하지 않는가."[5] 이는 한국인들이 미국으로 유학해서 서구의 보편적 언어를 학습할 것을 강조하고 있는 말이다. 개념을 수용할 때 이중의 굴절이란, 이처럼 '그림자의 그림자'를 형성하는 과정과 깊은 관련을 가진다. 어쨌든 위의 두 저작은 '이중의 굴절'이라는 문제의식을 연구 과제로 설정하여 연구 과정에 잘 포섭했다는 점에서, 앞으로 개념사 연구의 방향타 구실을 할 것으로 보인다.

셋째, 두 저작 모두 개념사 연구가 사회사의 문제의식과 접합될 수 있다는 점에 착안하여 연구를 진행시키고 있다는 점에서도 획기적인 성과다. 특히 박명규는 '한자 문명과 유교 이념'하에서 오랫동안 사용되던 전통 개념이 근대에 들어서 서구로부터 새로운 개념이 소개되어 그 번역어로 사용되면서 의미에 큰 전환이 일어나는 사실에 주목한다. 특히 한국 사회의 역사적 격변과 맞물리면서 한국만의 독특한 함의도 내포하게 되는데, 이런 과정과 그 의미를 '개념사와 사회사의 종합'을 통해 추적하려는 의지를 적극적으로 드러낸다.[6]

하지만 이 두 저작을 평가할 때, 접근법에서 두 저작이 드러내는 차이점은 우선 지적해둘 필요가 있을 듯하다. 이 두 저작은 개념사를 대하는 태도나 개념을 다루는 방법면에서 상당한 공통점과 아울러 커다란 차이를 보이기도 하는데, 이러한 차이가 두 저작을 이해하는 데에 대단히 중요한 요소를 제공한다.

독일 개념사 연구의 권위자 코젤렉Koselleck에 따르면, 정치·사회적 개념어에는 세 가지의 시간층time strata이 동시에 중첩될 수 있다고 한다. 첫째는 오래전에 존재하던 용어로 지금도 그 의미가 어느 정도 존속하고 있는 개념, 둘째로는 이전에도 단어로는 존재했으나 사회적으로 재구성되고 재번역되어 그 의미가 현저하게 달라진 경우, 셋째는 새로운 시대에 새로 만들어진 개념이다.[7] 박명규는 정치 주체 가운데서도 국민, 인민, 시민이라는 유사 개념 세 개를 연구 대상으로 삼고 있는 반면, 박찬승은 민족과 민족주의라는 동일 계열의 개념을 연구 대상으로 설정하고 있다. 그런데

코젤렉의 분류에 따르면 박명규가 연구 대상으로 삼는 세 개의 개념은 모두 둘째 유형에 해당하는 반면, 박찬승이 다루는 개념은 셋째 개념에 훨씬 가까운 것으로 보인다.

그런데 주체 개념이 가진 시간성의 차이로 인해 두 저작의 성격이 확연히 다르게 구분되며, 그 차이는 다시 개념사에 접근하는 방법의 차이를 낳은 것으로 보인다. 개념과 단어가 갖는 관계들에 착안하여, 서구에서의 개념사 연구는 고유한 연구 방법론을 발전시켰다. 개념사는 한 단어에 깃든 의미와 그것의 변화를 연구하는 어의론語義論(혹은 總義論, semasiology)적 분석과 한 대상 혹은 한 개념에 대한 다양한 지칭어 및 유관용어를 연구하는 명칭론名稱論(혹은 總稱論, onomasiology) 분석을 교대로 구사한다. 이를 통해 단어의 의미 변화와 역사적 실제의 변화, 상황의 변화와 새로운 지칭어의 출현 과정(개념화 과정)이 갖는 다양한 관련성을 밀도 높게 분석하게 된다.[8]

이런 개념사 방법론의 분류에 따르면, 박찬승은 주로 어의론적으로 접근하여 통시적인 '역사의미론'과 유사한 방식으로 연구하는 듯하다. 그리고 이런 접근 방식은 '언어의 사회사', 곧 공시적인 언어 연구가 빠진 어의론적 연구가 중심을 차지함으로써 전통적인 사상사(혹은 관념사)와 유사한 연구로 귀결될 위험이 높다. 이에 반해 박명규는 크게 보면 명칭론적 접근 방식을 취한다. 박명규의 연구 역시 기본적으로는 역사의미론적으로 접근하고 있다고 볼 수 있지만, 한편으로는 명칭론적 방법론이 공시적인 접근법으로서의 '언어의 사회사'의 효과를 돋보이게 하는 역할을 수행하고 있는 듯하다. 또 국민, 인민, 시민의 개념을 동태적으로 구성함으로써, 근대 한국의 정치 주체 형성의 메커니즘을 역동적으로 드러낸다. 국민, 인민, 시민이 중심적으로 사용되는 시기의 정치적 과제와 사람들의 정치적 태도에 각기 차이가 있었다는 점을 확연히 보여주고 있는 것이다.

주체 개념의 분리로 인해 발생하는 문제점

그런데 위의 두 저작은 유사한 두 종류의 정치 주체 개념을 분리하여 각기 연구를 진행한 결과, 분리된 연구로 인해 몇 가지 문제를 낳은 것처럼 보인다. 필자는 이 두 저작의 장점뿐만 아니라 단점 역시 정치 주체 개념을 분리하여 접근한 데서 발생했다고 판단하고 있다. 여기에서는 우선 다음의 세 가지 사항을 중심으로 문제점을 거론해보기로 한다. 이 문제점들은 한국 개념사 연구의 현재를 가늠하는 데 중요한 입지점이 될 수 있을 것이다.

• 1 – 근대 한국 정치 주체의 전체적 면모를
　　　드러낼 수 있는가?
가장 심각한 문제는 정치 주체 개념을 분리하여 개별적으로 접근함으로써 근대 한국의 정치 주체의 변화 양상을 전체적으로 구성하는 데 제약을 드러내었다는 점이다. 우선 nation 개념의 번역과 수용 문제를 살펴보자. 동아시아 사회에서 nation의 번역어로는 국민과 민족이 혼용되었고, 서구에서도 지역에 따라 복합적인 함의가 뒤섞여 있었다. 박명규는 국민 개념이 18세기 이래 유럽의 근대 문명이 이룩한 정치 발전과 함께 나타난 네이션과 동어의同義語라는 사실을 논의의 전제로 삼는다.[9] 민족이 네이션의 번역어라는 점은 박찬승에게도 대전제로 성립한다.[10] 그러나 이와 반대로 번역어인 민족이라는 개념은 박명규가 다룬 정치 주체 개념인 국민, 시민, 인민뿐만 아니라, 민중이나 중서衆庶, 신민臣民, 신민新民, 민인民人 등의 개념과도 중첩되고 뒤섞이는 측면이 없지 않다. 박명규가 다룬 국민 개념도 이와 동일한 측면을 가지는 것은 물론이다.

정치 주체와 관련하여 동아시아의 근대 개념어 번역·수용 과정에서 드러나는 가장 큰 특징은 nation 개념이 국민과 민족으로 분리되어 수용된다는 점이다. 하지만 개념의 분리와 새로운 전용 과정이 두 저자에 의해 분리되어 다루어짐으로써 nation을 둘러싼 개념의 수용·변화 양상이 전체적으로 잘 드러나지 않게 된 것이다. 강동국의 연구는 이런 측면을 역설적으로 잘 보여주고 있다.[11] 1910년까지의 초기 개념 수용의 과정에서는 국민/인종/민족이라는 세 가지의 유사 개념이 경쟁했는데, 처음에는 인종이, 다음에는 국민이 우세했으나, 최종적으로 승리한 것은 민족이었다는 말이다. 강동국의 연구는 국제 정치 상황과 정치 주체의 변화와 아울러 nation과 관련한 정치 주체 개념 역시 역동적으로 관련되어 변화했다는 점을 잘 보여주고 있다.

또한 정치적 주체의 수용과 확산 및 정착 과정을 이해하기 위해서는 영웅, 진화, 진보, 문명 등 유사 개념과의 접합 양상을 살펴볼 필요도 있지 않을까 싶다. 이처럼 유사한 동종 개념을 분리하여 다루게 되면, 다른 개념과의 접합 양상을 살피는 방법 곧 명칭론적 방법론을 활용할 수 있는 여지도 훨씬 축소되어버린다.

• 2 − 개념사와 사회사의 종합 혹은 접합에
　　도움이 될 것인가?

한국 근대 개념 수용기의 개념의 변화 양상은 과연 어떤 것이었을까? 개념이 사회의 변화를 반영하고 있었을까? 그렇지 않으면 개념이 사회의 변화를 이끌고 있었을까? 물론 크게 보면 개념이란 쌍방향적인 변화의 산물이겠지만, 한국에서 개념의 수용기, 다시 말하면 번역된 개념어가 지시하는 정치적 주체가 현실에 없었던 시기에는 후자가 훨씬 우세하지 않았을까? 여기에서는 박명규의 연구를 통해 이 문제를 찬찬히 따져보려 한다.

　박명규는 "[량치차오梁啓超가] 천하와 조정은 있으나 국가가 없고, 노예는 있으나 국민은 없는 상태"에서 중국의 약화 요인을 찾고 새로운 국가(정치체)와 국민(주체)의 존재를 요구했는데, 이는 일본의 후쿠자와 유키치福澤諭吉의 주장과 기본적으로는 동일하다고 본다. 다시 말해, 교육으로써 수동적인 인민을 애국심을 가진 '신민新民'으로 바꾸는 작업을 통해 새로운 정치적 주체로 국민이 형성되는 것을 강조하고 있었다는 것이다.[12] 요컨대 동아시아에서는 공통적으로 개념의 수용을 통해 새로운 주체와 정치적 현실을 구성하려 했다는 것이다. 그는 국민 개념이 수용되던 역사적 현실을 다음과 같이 설명한다. "새로운 의미를 지닌 개념어로서 중국과 일본에서 논의되던 국민 개념은 근대적 주권을 담지하는 정치적 주체로서 국가 공동체의 근간을 이루는 핵심 개념으로 제기"되었으며, "그런 점에서 유럽의 계몽사상에서 강조된 nation의 번역어로서의 지위를 갖게 되었고 그런 의미를 공유한 상태로 동아시아 각국에 전파되었다"고 보는 것이다.[13]

그러나 정치적 현실은 일본이든 중국이든 서구와(혹은 프랑스와 독일과 영국과 등등) 동일하게 구축되지는 않았다. 정치적 현실의 차이를 당연한 것으로 인정할 수밖에 없다면, 여기에는 반드시 개념의 굴절이 개입했을 것이다. 하지만 그 굴절의 내용이 명확했다고 하기에는 어려움이 있다. 박명규는 국민 개념이 쉽게 수용될 수 있었던 이유를 다음과 같이 설명한다. "굳이 일본 국체론의 영향을 지적하지 않더라도 당시 상황에서 조선의 지식인들이 군주 중심적인 국민 개념에 친화성을 보일 개연성은 충분히 있었다"는 것이다. 그리고 당시의 많은 교과서에서 가족국가론 내지 군주주권론과 같은 국민 개념을 적극 강조하고 있었다는 것이다.[14] 이는 동아시아에서 nation의 번역어로서 국민이 친화성을 가질 수 있는 이유를 밝힌 것으로, 뛰어난 탁견이라 할 것이다. 그런 면에서 기본적으로 nation=국민은 people=인민과 처음부터 경쟁하는 관계에 놓일 수밖에 없었다.

한국에서 '민족'이 아니라 '국민'이라는 용어가 먼저 수용된 과정과 그 의미를 이해하기 위해서는, 우선 일본에서 nation의 번역어가 만들어지고 정착된 과정을 살펴볼 필요가 있다. 일본에서는 후쿠자와 유키치가 처음으로 nation의 번역어로 국민을 사용하기 시작했다. 또한 그는 국민의 자격 요건으로 애국심을 강조했고, nationality를 국체로 번역하여 국민은 이를 공유해야 한다고 주장했다. 이와 달리, 가토 히로유키加藤弘之는 독일 학자 블룬츨리 J.C.Bluntschli의 저서를 번역하면서, 독일어의 nation을 처음에는 민종民種으로, volk를 국민으로 번역했다. 가토의 이런 번역은 블룬츨리가 일반적으로 사용되는 개념과는 달리 독자적인 개념 규정을 하고 있었기 때문이었다고 한다. 이런 과정을 거쳐 1880년대 말 이후로 국민과 분리된 민족 개념이 서서히 자리 잡게 되었다.[15] 국내 정치에서는 국민 개념이 우세했던 반면, 제국주의와 연관된 국제 정치의 맥락에서는 민족이 사용되었으며 이는 열세에 머무르고 있었다.[16] 물론 이 단계에 이르면 일본의 국민과 민족 개념에는 서구 개념을 수용하는 수준을 벗어나 새로운 의미가 부여되고 정착했다.

한편 한국에서도 1908년 이후가 되면 국민은 민족 개념과 뚜렷하게 구별되기 시작한다. 즉, 국민 자격이라는 것이 있어서 자격이 없는 국민은 국민으로 설 수 없다는 것을 강조하게 된다. 마치 하나의 군대처럼 동일한 정신과 이해, 조직과 행동이 수반되는 것이 국민이라고 주장한다.[17] 이렇게 본다면 nation 개념은 일본, 중국, 한국에 수입되면서 처음에는 군주주권론과 혈연으로 맺어진 국민이라는 번역으로 주로 정착했으나, 차츰 민족이라는 번역이 우세해졌다고 볼 수 있는 것이다. 그렇다면 이런 현상은 정치 현실의 변화를 반영하고 있는 것인가, 아니면 개념의 퇴조가 정치 현실을 그런 방향으로 유도한 것으로 보아야 하는가?

　다른 한편, nation의 번역어인 국민이 민족으로 대체되면, 기존의 국민은 새로운 어의語義로 변화하게 될 텐데, 그 변화의 성격은 또 어떻게 보아야 할 것인가? 다시 말하면 nation은 민족으로, people은 국민으로 정착되는데, 한국의 경우에 이런 현상은 해방 이후 남북한 사이에 국민과 인민 개념으로 주체 개념을 분유分有하게 된 이후에 더욱 뚜렷하게 드러난 것 아닐까? 논리적으로 볼 때, 해방 후 남한에서 사용된 국민이라는 개념은 nation이 함의하는 바의 일 부분, 곧 nation 가운데서 민족이라는 번역어가 함의하는 바를 제외한 주체 개념을 의미하는 것이었지만, people의 번역어인 인민이라는 용어를 북한에서 전유하게 됨으로써 남한에서는 사용할 수 없게 된 people, 즉 인민이라는 용어가 함의하는 바를 함께 뜻하는 것이어야만 했다. 바꿔 말하면 해방 후 남한에서 사용된 국민이라는 개념은 nation과 people이라는 두 가지 용어의 일정 부분을 함의하는 것이어야 했던 것이다. 이런 차원에서 국민이라는 개념은 심각한, 어쩌면 천양지차의 어의 변화를 겪었다고 보아야 하는 것은 아닐까 하는 의문을 지울 수 없다.

　또 citizen의 번역어인 시민 개념이 제2차 세계대전 이전에는 동아시아 3국의 어느 곳에도 제대로 정착하지 못한 상황은 부르주아적 시민사회의 토대가 현저히 약한 경우, 즉 개념이 지시하는 내용과 현실이 너무 동떨어져 있는 경우에는 번역 개념어가 수용될 여지가 없었다는 사실을 잘 보여주고 있다.[18]

　여기에서 강조하려는 것은 개념이 한 사회에 정착하는 과정은 그 사회에 내재하는 사회적 실체와 대응하는 필연적인 과정이 아니라는 사실이다. 이런 측면에서, 개념사 연구는 개념이 정착하는 조건을 탐구하는 과정이 되어야 한다. 하지만 이 두 저작은 nation과 관련한 주체 개념에 분리하여 접근함으로써 사회적 조건을 개념과의 상호 관련 아래에서 탐구하는 데에는 상당한 문제점을 드러내게 된다.

•3 – 전통적 개념과의 관련성을 설정하는 데 문제를 야기하는 것은 아닌가?

또 전통 개념과의 관련성을 추구하는 데에서, 개념의 분리가 초래하는 문제점이 없지 않다는 점을 지적할 수 있겠다. 박찬승은 '족류'라는 개념을 전근대 시기 민족의 유사 개념으로 규정하고 그 관련성을 검토하고 있다.[19] 과연 족류 개념만으로 민족의 유사 개념을 제한하는 것은 정당한가? 족류라는 개념을 활용하기 위해서는, 족류를 사용함으로써 민족 개념에서 누락된 민民 개념의 유사 개념들, 곧 서민庶民, 여민黎民, 억조億兆, 중서衆庶, 만민萬民, 창생蒼生, 방민邦民, 국민國民, 민인民人, 시민市民, 신민臣民, 백성百姓 등의 개념을 같이 다루었어야 하는 것은 아닐까 싶다. 족류라는 개념을 민족 개념에 대응시킴으로써 민 개념을 누락시키고, 이에 따라 민족 개념에 부당하게 정당성을 부여하게 된 듯 보인다. 족류 개념은 인종 개념 등의 에스닉 그룹과 훨씬 유사성이 많은 개념이 아니겠는가? 이런 점에서 족류 개념을 발굴한 것은 박찬승의 연구가 가장 크게 기여한 부분이기도 하지만, 가장 큰 문제점을 잉태하고 있는 부분처럼 보이기도 한다.

　마찬가지로 박명규의 경우에도 '국민'의 유사 개념을 추적하는 작업이 필요하지 않았을까? 조선 시기의 '국민'이라는 개념에 "일정한 정치 공동체와 그에 속한 구성원을 범주화하는 의식이나 감각은 분명하게 자리 잡았"다고 하는데,[20] 이런 측면에서라면 전근대 시기에도 유사 개념어를 추적하는 명칭론적 접근을 활용하면 더 풍성한 결과를 얻을 수 있었으리라는 생각이 든다.

　이처럼 동종 유사 개념을 분리하여 접근한 것은 유사한 전통적 개념군에 대한 명칭론적 접근을 가로막는 역할을 하는 것처럼 보인다. 이런 제약은 개념사 연구를 연구자의 암묵적 전제로 유도하게 할 수 있으므로 특히 위험할 수 있다.

한국 개념사 연구의 미래

• 1 - '말안장기' 개념의 설정과 개념사 연구

코젤렉은 '말안장 시대Sattelzeit'[21] 혹은 '문턱의 시대Schwellenzeit'[22]를 다음과 같이 정의한다. 18세기 중엽에 이르러 고전적인 상투어들이 심각한 의미 변화를 겪는 한편 신조어들이 한꺼번에 등장하면서 '의미론 투쟁'이 시작되는 지점, 곧 독일의 언어 공간에서 '새 시대'라고 불렸던 위기 상황이 바로 말안장 시대라는 것이다.[23] 그리고 말안장 시대에 일어난 언어·표현의 변화에는 다음과 같은 네 가지 특징이 있었다고 한다. 사회적·정치적 개념들이 점차 대중으로 퍼지는 과정인 민주화, 언어 의미들이 분명한 시간 의식을 포함하며 역사적 목적 개념이 나타나는 현상인 시간화, 개념들이 집합 단수로 쓰이면서 보편화와 추상화의 수준으로 상승하는 이념화 현상, 일상 개념들이 투쟁 개념으로 발전하는 정치화 과정 등이 그것이다.[24]

그렇다면 한국의 경우 개념의 수용기만을 말안장기라고 볼 수 있을 것인가? 박명규는 한국에서의 개념체계의 전면적 전환은 "독자적 번역 없이 제국주의화하는 일본의 번역어를 통해 서구와 접맥하게 되는 독특한 '역사적 전환기'"에 일어났다고 본다.[25] 말을 바꾸면 전통적 개념어를 서구적 개념어가 대체해가는 과정이 바로 전환기이자 말안장 시대라는 것이다.[26]

그러나 서구의 번역 개념을 단순하게 수용하고 그것이 '굴절'하는 형태로 정착하는 것을 '말안장'을 얹어 출발하는 시기라고 볼 수 있을까? 박명규의 분류에 따르더라도, 1950년대 이후 결정적으로는 1980년대 이후에야 국민, 인민, 시민 등의 정치적 주체가 사회에 본격적으로 수용된 것으로 보아야 하는 것은 아닐까?[27] 시민의 경우에는 현저하게 이러한 특성을 드러내고 있고, 국민이나 인민의 경우에도 해방 후에야 그 개념의 내포가 현실과 의미 있는 대응관계를 맺게 되면서 정착했던 것으로 볼 수도 있다.[28] 요컨대 주체의 폭발과 아울러 개념의 폭발은 해방 후에 일어난 사태가 아닐까 하는 말이다.

코젤렉의 규정에 따르더라도, 언어 표현에 일어나는 변화는 근대 전환기보다는 1950년대 이후에 훨씬 더 현저해 보이기도 한다.

특히 민주화와 이념화, 정치화 등의 측면에서 그러하지 않은가 싶다. 아니면 한국에서는 두 번의 개념의 전환기를 거쳤다고 볼 수는 없을까? 과연 어느 시대가 '개념들이 앞으로 달려오는 시간을 향해 달려나가기 시작'한 시대, 곧 말안장 시대였던 것일까?[29]

• 2 – 이데올로기 연구인가, 개념사 연구인가?

박찬승은 민족과 민족주의가 20세기 한국사를 이끌어온 동력이라고 여긴다. "민족과 민족주의라는 개념이 있었기에 독립운동도 가능했고, 국가 건설과 경제 부흥도 가능했고, 또 통일을 위한 노력도 가능했다"는 것이다.[30] 이런 점에서 보면 박찬승에게 민족은 개념어로서 개념사 연구의 대상이 되기 이전에, 민족사를 이끌어온 주체 개념으로 전제되어 있는 것은 아닌가 싶다. 과연 그렇다면 개념의 다의적 사용과 갈등, 전화 등을 연구 대상으로 삼는 개념사 연구의 입장에서는 부당한 전제일 것이다. 이런 측면은 박찬승이 서양의 민족 개념 형성을 역사적으로 추적하지 않고, '민족 개념의 정의'로부터 시작하는 이유와 맥락을 같이하는 것이겠다. 서양의 민족 개념을 '정의'하기 위해 민족 이론을 정리해야 했던 것도 이런 이유 때문일 것이다.[31] 그러나 코젤렉의 개념사 연구에 따르면, 개념은 단어가 아니므로 정의될 수 있는 대상이 아니고 해석되어야 하는 대상이 아니겠는가?[32]

또한 박찬승은 민족 형성 이론에 있어서 '도구주의적' 입장이 아니라 '역사주의적' 입장을 취하고 있음을 분명히 하고 있다. 그는 "신분제가 존재하는 상황에서도 귀속된 집단에 대한 공속 의식을 가질 수 있기 때문에 신분제 사회에서는 민족 공동체가 존재할 수 없다는 주장은 적절치 않"다고 주장한다.[33] 그는 '족류'라는 개념을 ethnie 정도의 함의를 가진 용어로 해석하고 있는 것이다. 하지만 족류 개념을 해석하는 것과 민족 형성 이론에서 역사주의적 입장에 서는 것은 전혀 다른 차원의 일이다. 족류 개념이 민족 개념과 어느 정도 연속성을 가지고 있으며, 의미 변환의 정도는 어느 정도인가 등의 문제를 개념의 변화를 통해 해석하는 일이 개념사 연구의 본령이 아닐까 싶다. 개념사 연구는 민족주의 이데올로기를 보완하는 학문적 방법론이 될 수 없기 때문이다.

마찬가지로 박찬승은 민족주의 항목에서도 서양의 민족주의 개념을 먼저 '정의'하면서 개념사 연구를 시작한다. 하지만 이데올로기로서의 민족주의가 근대 이전에 형성될 리 만무하다. 따라서 민족주의 이데올로기가 전근대의 민족 개념 혹은 ethnie 등의 유사개념과 병립할 수는 없다. 그리고 민족주의 이데올로기가 성립하지 않은 상태에서는 민족이라는 개념이 현실에서 성립할 수 없다는 점을 염두에 둔다면, 민족과 민족주의에 대한 개념사적 연구가 동떨어져서 진행되어서는 안 될 것이다. 또 박찬승 자신도 인정하다시피, 특히 민족주의에 대한 개념사 연구는 개념사 연구라기보다 사상사 연구가 되어버린 측면이 강하다. 그는 "민족주의 부분에 대한 서술은 한국인들이 민족주의를 어떻게 이해했고, 이를 활용하여 어떤 민족주의를 만들어냈는지를 중심으로 서술"했다고 고백하고 있는 것이다.[34]

그의 연구가 이렇게 귀결된 데에는 여러 가지 이유가 있을 테지만, 민족과 민족주의 모두에서 '개념의 특별한 변화나 논쟁을 찾기 어려웠기' 때문이었다고 그는 주장한다.[35] 심지어 개념의 수용이 겨우 100년 정도에 지나지 않는 외래어와 관련된 개념사 연구의 경우, 개념의 수용사와 활용사 수준에서 벗어나기는 어려울 것이라고 전망한다.[36] 과연 이런 상황이라면, 코젤렉의 정의에 따르더라도 민족이나 민족주의는 개념사 연구에 적합한 개념이 될 수 없는 것이 아닌가? 민족이나 민족주의는 개념으로서 다의성과 역사성을 가지지 못하고 단순히 하나의 단어에 지나지 않는 것이 되기 때문이다.[37]

다른 이유를 들 수 있다면, 그가 민족이나 민족주의에 대해 선입견을 갖고 있기 때문일 것이다. 선입견으로 인해 민족이나 민족주의를 다의적이고 역사적인 개념으로 볼 수 있는 시야가 가려질 수도 있다. 요컨대 개념의 창조가 아니더라도, 개념 수용에서의 다의성이나 역사성은 매우 역동적인 과정이다. 개념 수용의 주체를 둘러싸고 심각한 투쟁이 연출될 수도 있으며, 개념 활용의 수준에서도 심각한 차이를 드러낼 수 있다. 하지만 그의 연구는 이런 측면을 간과하고 있는 것처럼 보인다. 그가 사상사 연구가 되고 말았다고 인정하고 있는 민족주의 항목은 제쳐두고 민족 개념만을 두고 보더라도, 그의 접근 방식은 지나치게 평면적이라는 비판을 면하기 어렵다.

이처럼 개념사 연구는 이데올로기 연구나 사상사 연구로 변하기 십상이다. 특히 사회과학적 개념의 수용을 서구 근대 사상의 수용 과정으로 오해할 경우에는, 개념사 연구가 사상사 연구로 바

뛰어버리는 경우가 많다.[38] 이런 면에서 개념사 연구의 미래를 전망하는 데 박찬승의 연구는 일종의 시금석처럼 보인다.

근대성 패러다임으로서의 개념사 연구를 넘어서

개념사 연구는 서구 사회를 대상으로 출발했다. 그리고 개념사 연구에서 상정하는 개념의 생성과 확산과 정착, 수용 등의 과정은 다분히 직선적인 진보의 과정과 유사한 것처럼 착각하기 십상이다. 개념사 연구가 이러한 근대성 패러다임에서 벗어나지 못한다면, 개념의 직선적 진보와 개념의 새로움만을 강조하게 되고 비판이론으로서 대안이 되기가 어려울 것이다. 박명규는 "국민이라는 말이 갖는 오래된 함의와 더불어 그 말이 큰 힘을 갖지 못했던 역사적 조건" 그리고 "국민 개념이 새로운 의미를 부여받고 정치사회적인 힘을 강하게 획득하게 되"는 조건을 파악하는 것을 국민 개념 연구의 목표로 삼고 있다고 서술한다. 즉, '개념의 연속성과 그 변화의 과정'을 검토하는 것을 과제로 설정하고 있는 것이다.[39]

그러나 서구 개념사 연구의 성과에 따르면, 관념(이념)사가들에게 오류의 원인이 되는 개념의 다양성과 모호함, 혼란스러움이 개념사 연구자들에게는 오히려 개념의 진정한 특성이 될 수 있다고 한다. 주요 개념들은 언제나 격렬한 논쟁의 대상이었으며, 개념은 항상 형성되고 수정되고 변형되는 과정을 거쳤다. 그러므로 개념은 언제나 진화하는 것이다. 그러나 이념이나 관념처럼 진보하는 것이라고 볼 수는 없다.[40] 개념사 연구가 개념의 단선적 진보와 그 새로움만을 강조한다면, 개념사 연구는 진부한 사상사, 이념사 이상의 연구가 될 수 없으리라는 지적은 옳다.

그렇다면 개념사 연구가 갖는 비판 이론으로서의 가능성은 어디에서 찾을 수 있을 것인가? 한국의 개념사 연구가 이데올로기 연구 혹은 어원학이나 용례 연구와 차별화되고 나아가 서구적 방법론의 단순한 수용 이상의 의미를 지니려면, 은폐되어 있는 식민주의적 맥락을 드러낼 수 있어야 할 것이다. 은폐된 식민주의적 맥락을 드러낸다는 것은 어떤 의미일까? 서구 개념의 번역과 굴절된 수용을 추적하고 해석하는 것이 근대성 패러다임으로서의 개념사 연구가 드러내는 표면적 효과라고 한다면, 과연 번역과 수용의 매끄러운 묘사는 근대성을 확인하는 과정에 지나지 않을 것이다. 이렇듯 서구의 근대성을 수용하는 과정으로 전락하는 개념사 연구를 과연 식민주의의 도구가 아니라고 할 수 있겠는가? 근대성의 기획은 언제나 그 매끄러운 표면 아래에 식민성의 음험함을 감추고 있다.

그렇다면 개념사 연구는 근대성의 수용 양상을 추적하거나 단절을 메꾸는 데 집중하기보다는 '전통의 단절'이나 '개념의 폐기'에 더 주목해야 하는 것은 아닐까? 특히 번역된 서구 개념을 수용함으로써 이중의 굴절을 경험한 한국의 경우에는, 번역어의 수용 자체가 개념의 내포 자체를 제한하고 개념의 범위를 축소할 가능성이 높다. 또한 개념의 표준화로부터 자유로웠으므로 훨씬 빨리, 그리고 일방적인 방식으로 수용되었을 가능성도 크다. 반면 수용

범위에서 배제된 개념은 재빨리 폐기되거나 자취를 감추었을 가능성도 있다. 요컨대 한국에서의 번역어 수용 양상은 표면으로 드러나는 것처럼 매끄럽다기보다는 일반적으로 상상하는 것 이상으로 울퉁불퉁한 과정이었을 수도 있다. 이런 측면에서 보면, 개념사를 단선적 개념의 발전사로서 볼 것이 아니라 개념의 고고학적 발굴에 더 중점을 두어야 할 듯하다. 의도하지 않았다 하더라도, 개념사 연구가 가질 수 있는 비판성과 전복성은 이런 과정을 통해 더욱 발현될 수 있을 것이다.

단, 분석 단위로서 개념이 다른 분석 단위, 곧 담론이나 에피스테메epistēmē 혹은 스타일 등의 단위보다 더 유용한 방편인지에 대해서는 의문이 있을 수 있다. 개념은 역사의 변화를 이해하는 유용한 도구일 뿐, 이론의 대안이 될 수는 없다.[41] 그리고 개념을 연구 대상으로 삼는 개념사는 정치와 통치, 사회 분야의 어휘 체계의 핵심적인 변동에 관해 상세한 정보를 제공하는 독특한 형태의 지식일 따름이다.[42] 개념사는 개념이라는 도구를 대상으로 삼는 새롭고 독특한 해석 체계이자 지식의 형태인 것이다. 이런 차원에서 개념사 연구를 울퉁불퉁한 '식민지 근대'의 특성을 잘 보여줄 수 있는 새로운 해석의 체계로 활용할 필요가 있다. 그렇게 될 때 개념사 연구는 문화 연구cultural studies나 기억 연구 등의 새로운 문제의식과도 접합될 것이다.

결어를
대신하여

Isolated Paradise

Isolated Paradise

잘라파고스 혹은 고립된 낙원?
– 내가 본 일문연과 일본

식민지 피지배민의 일상이 '동요' 그 자체였다면,
역으로 지배하는 자의 태도와 심리는 과연 어떤 것이었을까? 저항과 협력의 사이에서 동요하는
피지배민들은 지배하는 자들을 비춰주는 거울이다. 나는 일본의 인문학,
나아가 근대사 연구가 바로 이런 것을 해석해야 한다고 생각한다.

I

2009년 4월 1일에 나의 국제 일본 문화연구센터 생활은 시작되었다. 그 뒤 1년 동안 2인용 부부 기숙사에 체류하면서 진행한 연구 주제는 '국가로서의 조선총독부Chosun Government General as a modern state'였다. 일반인들에게는 조금 생소해 보일지 모르겠지만, 이 주제는 조선총독부를 '근대국가Modern State' 혹은 '식민 국가Colonial State'로 규정할 수 있을지 검토하는 의도를 지니고 있다. 조선총독부를 식민 국가로 규정하는 것은 어떤 측면에서는 근대 일본의 국가와 사회의 성격을 이해하는 데에도 아주 중요한 의미를 지닐 수 있다. 어떤 측면에서 그러할까?

나는 지금 '내가 본 일문연과 일본'이라는 주제로 글을 쓰고 있으므로, 조선총독부의 국가론적 성격과 이 글의 주제가 어떤 관련을 가지고 있는지 조금 더 구체적으로 해명할 필요가 있겠다. 그동안 조선총독부는 연구자들에 의해 그 억압성이 과도하게 전제되었기 때문에, 의미 있는 연구 주제로 취급되지 못했다. 하지만 식민지 시대 조선의 '국가와 사회'의 성격을 심층적으로 이해하기 위해서는, 우선 '통치 권력'의 성격을 살펴볼 필요가 있다. 더욱이 최근 '탈식민주의'적 맥락에서 제기된 '식민지 근대Colonial Modern'의 문제의식에 비추어보더라도 가볍게 여길 주제는 아니다.

나의 연구 주제 이야기가 길어지고 있지만, 조금 더 진행해보자. 조선총독부는 조선에서의 행정권, 입법권, 사법권 그리고 군대사용권까지 가졌고 일본의 천황에게 직예直隷하는 것으로 규정되어 있던 총독을 중심으로, 강력한 힘과 자율성을 가진 권력이었다. 물론 주권Sovereignty이라는 측면에서는 결격 사유가 있었지만, 국가의 능력과 자율성이라는 기준을 두고 볼 때 조선총독부는 '식민 국가'로 불리기에 손색이 없었다.

요컨대, "조선총독부는 일본의 천황과 의회에 '예속'되어 있었으나, 강력한 능력과 자율성을 가진 독자적인 식민 국가"라는 점을 밝히는 것이 바로 연구 목표였다. 조선총독부라는 식민 권력은 본국의 행정부 및 의회, 나아가 시민사회와도 깊은 관련을 가지고 있었다. 따라서 근대적 식민 통치를 연구하는 일은 본국 사회와 식민지 사이의 상호작용을 밝히는 데서 출발할 필요가 있었다. 이런 문제의식을 담은 역사학 방법론이 바로 '제국사'가 아니었던가? 다시 처음 이야기로 돌아가면, 나의 연구 주제가 근대 일본의 국가와 사회의 성격을 이해하는 데에 일조할 수 있다고 본 것은 바로 이런 이유 때문인 것이다.

요령 없는 글솜씨 때문에 먼 길을 돌아오게 되었지만, 나의 연구가 한국과 일본의 역사와 사회를 조금 더 '보편주의'적으로 해석하는 데에 기여할 수 있을 것이라고 나는 내심 기대하고 있었다. 그게 좌파든 우파든, 제2차 세계대전 이후 한국과 일본의 역사 연구는 특수성을 강조하는 일국사적 편향에서 벗어나는 데 거의 실패했다. 식민지를 매개로 깊이 얽혀 있는 한국과 일본의 역사 연구는 이제 편협한 특수주의의 시각에서 벗어나 새로운 '보편의 세계'로 나아가야 한다. 일문연은 그런 연구를 수행해야 할 사명을 띠고 있는 연구 기관처럼 보였다. 기존의 연구가 그러하지 못했다면, 과감하게 기존의 틀을 벗어던져야 할 것이라고 생각하고 있었다.

Ⅱ

자유롭고 여유로운 생활을 즐길 수 있었던 1년은 내게는 은혜로운 '축복의 시간'이었다. 연구소는 외국인 연구자들에게도 쾌적한 주거 공간과 넓고 조용한 연구실 그리고 많은 장서를 보유한 도서관을 누릴 수 있게 해주었다. 주어진 환경에 걸맞은 수준 높은 연구를 진행한 것은 '결코' 아니었지만, 이 축복의 시공간에서 보낸 경험이 미래의 나를 풍요롭게 해줄 것이라는 사실은 믿어 의심치 않는다.

특히 연구자 세 사람과의 특별한 만남은 뚜렷이 기억에 남아 있다. 첫 번째 사람은 일문연에서, 두 번째 사람은 교토 시내에서, 그리고 세 번째 사람은 일문연의 도서관에서 '책으로' 만났다. 첫 번째 사람은 일본종교학을 전공하는 이소마에 준이치磯前順一 일문연 교수이다. 나는 때마침 이소마에 교수가 진행하고 있던 리츠메이 칸立命館 대학의 대학원 수업에 참여하면서, 많은 것을 배우고 교감할 수 있었다. 그다음은 니시카와 나가오西川長夫 리츠메이칸 대학 명예교수다. 니시카와 교수의 '국민국가론'에 관한 저작은 한국에도 이미 잘 알려져 있었지만, 일본 체류 기간에 그의 이론을 더욱 깊이 이해할 수 있게 되었다. 마지막으로 도서관에서 만난 사람은 오키나와에 체류하면서 평화운동을 하고 있는 미국인 더글러스 러미스Duglas Lummis였다. 그의 책을 통해 일본의 '전쟁과 평화'에 대해 더 많은 것을 알게 되었다. 이들은 일본의 역사와 사회를 특수한 것으로 해석하려 하지 않았다. 그리고 한국의 식민 경험에 대해서도 열린 자세를 결코 잃지 않았다. 이들과의 만남으로 인해, 일문연에 대한 기억은 언제까지나 밝게 빛날 것이다.

다른 한편으로 일본에서의 경험이 쌓이면서, 일문연에 대한 인상은 희미한 그림자를 드리우기 시작했다. 그 그림자는 축복의 시공간 속에서 이루어진 행복한 교류의 강렬함과 대비되며 더욱 짙어졌다. 차츰 일문연은 시쳇말로 '속세와 동떨어진' 세계인 것처럼 보이기 시작했다. 도심에서 멀리 떨어진 산 중턱에 '절간처럼' 고요하게 자리 잡고 있는 공간적인 환경을 말하는 것이 아니다. 일문연이 진행하고 있는 '심오한' 인문학 연구에 대한 말이다. 일문연에서는 철학, 문학, 미학, 문명교류사, 생태학, 의학사, 경제사, 사회사, 음악사, 종교사 등등의 분야를 깊숙이 파헤치는 연구를 진행하고 있다. 언뜻 보아 괴이하고 비밀스러운 일본 전통의 문화를 대상으로 하기 때문은 아니다. 일본 특유의 기이한 세계, 특수성의 세계만을 다루고 있는 것은 아닌가 하는 의구심을 지울 수 없었기 때문이다. 하루빨리 '속세', '보편성의 세계'로 돌아가기를 바랄 따름이다. 혹은 일문연에 대한 나의 인상이 잘못된 것이기만을 빌고 있겠다.

오래전부터 나는 '식민지 인식의 회색지대'라는 개념을 사용하여, 한국 근대사 연구를 일국주의적이고 민족주의적인 시각에서 벗어나게 하려는 노력을 기울여왔다. 한국의 식민지 시기에 대한 인식의 기본틀은 '민족주의'와 '근대화'라는 두 개념에 입각하고 있다는 점, 따라서 이로써는 파악하지 못하는 인식론적 '회색지대'가 존재한다는 점을 지적했던 것이다. 다시 말하면, 지배와 저항이라는 이항 대립적 도식으로는 파악되지 않는 식민지 인식의 회색지대, 바로 '저항과 협력이 교차하는 지점' 혹은 '동요하는 지점'이기도 하다.

식민지 피지배민의 일상이 '동요' 그 자체였다면, 역으로 지배하는 자의 태도와 심리는 과연 어떤 것이었을까? 저항과 협력의 사이에서 동요하는 피지배민들은 지배하는 자들을 비춰주는 거울이다. 나는 일본의 인문학, 나아가 근대사 연구가 바로 이런 것을 해석해야 한다고 생각한다. 그러나 '속세를 떠난' 일문연, 나아가 일본의 인문학이 이런 역할을 맡을 수는 없을 것이다.

III

일문연은 교토와 나라 그리고 오사카와 고베를 주변에 두고 있어서 나는 여행에 대한 기대로 부풀었다. 틈이 날 때마다, 혹은 한국에서 방문객이 올 때마다 나는 교토 주변의 많은 곳을 여행하려 노력했다. 그러나 교토와 나라 그리고 그 주변의 고적이나 유적은 '하늘의 별'만큼이나 많아서, '하늘의 별을 결코 다 헤아릴 수 없을 것'이라는 좌절감을 일찌감치 느끼지 않을 수 없었다.

　교토에서 느낀 '즐거운 좌절감' 때문은 아니지만, 나는 일문연에 체류하는 동안 일본의 몇몇 특정 지역을 여행할 계획을 갖고 있었다. 옛 번벌의 본거지와 원자폭탄의 피폭지를 방문하는 것이었다. 이런 계획은 일본 근대화의 '시작과 끝'에 대한 호기심 때문이었다. 그래서 메이지明治 유신의 주역을 담당했던 두 번벌藩閥, 곧 쵸슈長州번의 본거지인 하기荻, 사쓰마薩摩번의 본거지인 가고시마鹿兒島 그리고 두 곳의 피폭지인 히로시마廣島와 나가사키長崎를 장거리 여행 목표로 삼았다. 나는 일본에 체류하던 1년간, 하기와 히로시마 그리고 나가사키를 여행할 수 있었다. 그리고 귀국한 다음해(2011년) 1월에 가고시마의 관련 유적도 답사함으로써 원래의 계획을 달성했다.

　지금은 한적한 시골 도시인 하기와 가고시마에서는 과연 메이지 유신을 주도했던 옛 무사들의 장대한 기운을 아직도 희미하게나마 느낄 수 있었다. 그러나 어디에서도 그들이 이끌었던 '폭주 기관차', 곧 질풍노도의 근대화가 초래한 전쟁과 식민지 지배에 대한 반성의 기색은 감지할 수 없었다. 이런 아쉬움은 히로시마와 나가사키에서도 여전했다. 피폭의 경험이 침략 전쟁에 대한 반성과 책임감으로 이어지지도 않았고, 그 막대한 희생이 원폭에 대한 근본적인 반대로 연결되지도 않았다. 단지 아련한 '애도와 멜랑콜리', 그것은 방향을 상실한 무책임 바로 그것이었다.

2007년 가을에 한국에서는 일본 평화헌법을 지키는 모임인 '한국 9조회'가 창립되었다. '한국 9조회 창립 준비대회'에서 나는 〈일본 평화헌법을 지키는 것의 의미〉라는 제목의 기조강연을 했다. 그 내용은 크게 다음과 같은 세 가지 주장으로 구성되었다. 첫째, 일본의 평화헌법에는 일본의 침략과 식민지배로 피해를 입은 아시아·태평양 지역의 여러 국가들의 평화를 향한 염원이 반영되어 있다. 또 일본의 평화헌법은 동아시아, 나아가 세계의 평화를 희구하는 민중들의 염원이 반영되어 있는, 평화를 위한 권리장전이자 국가 간의 계약이다. 둘째, 국가의 대외적 폭력 사용을 금지하는 일본의 평화헌법은 근대 국민국가의 권능을 부정하는 것으로, 그런 점에서 근대를 넘어선 탈근대적 헌법이라 할 수 있다. 셋째, 평화헌법 지키기 운동은 평화를 근본적 가치로 삼는 동아시아 시민사회의 형성을 통해 '평화의 동아시아 공동체'를 구상하는 동아시아 연대운동으로 나아가야 한다.

내가 생각할 때, 일본의 평화헌법을 지키는 것은 일본의 전쟁 책임과 식민지배 책임을 묻는 일이기도 하거니와 이를 통해 자국의 평화와 세계 평화를 고취하는 일이기도 한 것이었다. 따라서 위의 네 곳을 여행하는 일은 일본 평화헌법의 기원을 찾아나서는 일이었다. 일본의 특수성을 찾아나서는 일이 아니라, 일본이 세계에 기여할 수 있는 보편성의 실마리를 모색하는 일이었던 것이다. 하기와 가고시마, 히로시마와 나가사키는 일본이 보편주의의 세계로 들어설 수 있는 대문처럼 여겨졌다.

가고시마를 다녀온 지 얼마 지나지 않은 2011년 3월 11일, 일본에서 일어난 사건은 전 세계인을 경악시켰다. 어마어마한 규모의 쓰나미야 대자연의 변덕이라고 치부해두더라도, 후쿠시마福島의 원자력발전소 폭발 사고는 어떻게 이해해야 하는가? 전대미문의 원자폭탄 피폭으로 커다란 상처를 입었던 일본에서 왜 또다시 이런 사고가 일어난 것인가? '군사적 핵'이 아닌 '평화적 핵'이라면 괜찮다는 사고 자체에 심각한 문제가 숨어 있었던 것은 아닌가? "일본인의 희생은 '군사적 핵'으로 인한 것이었지만, 근대화를 위한 속도전에는 '평화적 핵'이 필요할 수도 있는 것이다. 게다가 그것은 깨끗하고 또 비용도 적게 드는 에너지가 아닌가?"

그렇다면 원자력의 평화적 이용에 대한 안이한 사고는 도대체 어디에서 유래된 것일까? 나의 생각은 거꾸로 히로시마와 나가사키 여행의 기억으로 이어졌다. 히로시마와 나가사키에 대한 일본인들의 기억이 자국민들의 희생에 대한 애도만으로 채워져야 했던 것일까? 그 희생은 침략 전쟁으로 인한 것이었고, 침략 전쟁의 배경에는 폭주하는 일본의 근대화가 자리하고 있었던 것이 아닌가? 일본인들의 피폭이 자국 중심의 안이한 근대화로 인한 것이었다면, 자국민들의 희생에 대한 반성은 '평화적 핵' 이용과 같은 폭주하는 근대화에 대한 성찰로 이어져야 했던 것이리라!

2012년 한국에서는 '탈핵운동'을 전면에 내걸고 녹색당이 창립되었다. 나도 물론 기꺼이 녹색당의 당원이 되었다. 그런데 한국의 동남해안과 중국의 산둥반도山東半島에는 수십 기의 원자력발전소가 줄줄이 들어서 있거나, 건설이 예정되어 있다. 만약 또다시 어느 한 곳의 원자력발전소에서라도 사고가 일어난다면 동아시아 전역에 파국적인 영향을 미칠 것이다. 탈핵운동이 일국적 차원을 넘어서 지역적 연대운동이 되어야 하고 또 전지구적 생태·평화운동으로 이어져야 하는 것은 이런 이유 때문이다. 마찬가지 이유로 일본의 히로시마와 나가사키는 '전 세계인의 히로시마와 나가사키'이기도 한 것이다.

IV

갈라파고스를 아는가? 남아메리카의 동태평양에 있는 에쿠아도르領의 제도諸島로, 찰스 다윈의 진화론 연구에 큰 영향을 미친 섬으로 잘 알려져 있다. 그런데 '잘라파고스'는? 이는 재팬과 갈라파고스를 합성한 신조어로서, 일본이 남미의 외딴 섬처럼 스스로 고립되어 세계의 흐름을 외면하고 있다는 사실을 지적하는 용어다. 과연 일본의 정치는 역주행하는 자동차처럼 뒷걸음질하는 듯하며, 경제도 버블 붕괴 이후에 생기를 찾을 줄 모르는 채 오랜 기간 침체를 거듭하고 있다. 이런 현상이 일본의 고립주의와 폐쇄주의로부터 유래된 것이라는 지적은 어느 정도 타당성이 있을 것이다.

그러나 앞으로도 계속 일본의 특수성만을 강조하고, 일본만의 폐쇄적 세계에 고립되어서는 안 될 것이다.

동아시아의 주변국에서는 일본 정치의 우경화에 대한 위기의식이 높다. 미국 역시 일본 정치의 우경화가 동아시아에서 초래할 정치적 갈등을 경계하고 있다. 일본의 경제적 침체 역시 구조적 위기로 전환되는 것처럼 보이고, 또 주변국 경제에도 위기의식을 고조시키고 있다. 이처럼 일본의 정치경제적 위기 상황은 그저 일국적 위기에 그치지 않는다. 보편주의적 입장에 선 동아시아의 지역적 협력이 더욱 심화되어야 하는 이유는 여기에 있다.

마찬가지로 일본 평화헌법의 기원을 탐색하는 일은 일본이 세계평화에 기여하는 보편주의 세계로 나가는 일이기도 하다. 일문연의 일본 문화 연구는 일본의 보편성을 발견함으로써 일본이 세계의 평화와 번영에 기여하는 길을 모색해야 한다. 그런 노력이야말로 일본이 '잘라파고스'가 되지 않는 길, 그리하여 '고립된 낙원'으로 전락하지 않는 힘찬 길이기도 할 것이다.

주석

I. 식민주의의 성격

1. 동아시아 식민주의의 근대적 성격

[1] 이 글은 한국병합을 식민주의라는 측면에서 조명한 다음 논문을 바탕으로 그 문제의식을 이러저러하게 확장한 것이다(윤해동, 〈식민주의와 근대植民主義と近代〉, 국립역사민속박물관 편, 《한국병합 100년을 묻다 韓國倂合 100年を問う》, 이와나미쇼텐 岩波書店, 2010). 이에 대해 독자들의 양해를 구한다. 또한 니시카와 나가오西川長 夫의 최근 작업은 '식민주의'의 중요성과 그 의미를 새로 환기시키는 데 큰 역할을 했다(니시카와 나가오 저, 박미정 역, 《신식민주의론》, 일조각, 2009[일본어 원본은《新植民地主義論-グローバル化時代の植民地主義を問う》, 平凡社, 2006].).

[2] 김철, 〈머리말〉, 《식민지를 안고서》, 역락, 2009.

[3] '추상을 향한 분노'가 얼마나 위선적이고 위험한 것인지에 대해 평화운동가 더글러스 러미스는 다음과 같이 말하고 있다. "쓰지: 일본에서 지내면서 히로시마와 나가사키에 관련하여 증오와 원망을 받은 적이 있습니까? 러미스: 그것에 대해서는 지금도 참으로 놀랍습니다. 피해자들의 분노가 전쟁이라는 추상

개념을 향할 뿐, 미국을 향하진 않는다는 것이지요. 어떻게 그게 가능한지, 믿어지지 않아요"(더글러스 러미스, 쓰지 신이치 저, 김경인 역, 《에콜로지와 평화의 교차점》, 녹생평론사, 2010, 97~99쪽.). 러미스는 핵무기에 대한 일본인들의 인식이 추상적인 전쟁을 향한 분노로 위장되어 있다는 점을 통렬하게 비판하는데, 식민지에 대한 한국인들의 인식 역시 식민지라는 추상을 향한 것은 아닌지 반성해 볼 일이다.

4 〈'한국병합' 100년에 즈음한 한일 지식인 공동 성명〉, 《창작과 비평》 148(2010년 여름호), 창비, 463~469쪽.

5 와다 하루키和田春樹, 〈2010년 가을, 평양의 거리에서〉, 《경향신문》, 2010년 11월 2일.

6 〈한일 시민단체 '식민지배 규명법' 제정을〉, 《한겨레신문》, 2010년 8월 22일.

7 에르네스트 르낭, 《지적 개혁과 도덕적 개혁》; 에메 세제르 저, 이석호 역, 《식민주의에 관한 담론》, 동인, 2004, 28~29쪽에서 재인용.

8 에르네스트 르낭, 《지적 개혁과 도덕적 개혁》; 에메 세제르, 앞의 책, 27쪽에서 재인용. 오스트함멜은 일반적으로 식민주의자들이 자신보다 열등한 타자성을 구성한다고 강조한다. 열등한 인종적 타자성을 구성하는 방식으로는 종교적, 기술적, 환경결정론적, 인종적인 것 등이 있는데, 인종적인 방식은 그 가운데 마지막으로 나타난 것이라고 한다. 위르겐 오스트함멜 저, 박은영, 이유재 역, 《식민주의》, 역사비평사, 2006, 165~174쪽.

9 에메 세제르, 앞의 책, 21~28쪽.

10 위의 책, 21쪽.

11 위의 책, 34쪽.

12 니시카와 나가오, 앞의 책, 43~67쪽.

13 니시카와 나가오, 《식민주의의 재발견植民主義の再發見》, 《초슈신문長周新聞》, 2010년 1월 11일, 13일, 15일, 18일.

14 윤해동 외, 〈서문〉, 《근대를 다시 읽는다 1》, 역사비평사, 2006.

15 윤해동, 《식민지근대의 패러독스》, 휴머니스트, 2007.

16 월터 미뇰로,《라틴아메리카, 만들어진 대륙》, 그린비, 2010(원저작은 Walter D. Mignolo,《The Idea of Latin America》, Blackwell, 2005)

17 더글러스 러미스 저, 김종철, 이반 역,《경제성장이 안 되면 우리는 풍요롭지 못할 것인가》, 녹색평론사, 2002, 59~92쪽.

18 지그문트 바우만 저, 한상석 역,《모두스 비벤디─유동하는 세계의 지옥과 유토피아》, 후마니타스, 2010, 15~46쪽; 윤해동,〈'진보라는 욕'에 대하여─메타역사학적 비판〉,《근대역사학의 황혼》, 책과 함께, 2010.

19 정다함,〈'사대事大'와 '교린交隣'과 '소중화小中華'라는 틀의 초시간적인 그리고 초공간적인 맥락〉,《한국사학보》42, 2011; 정다함,〈여말선초의 동아시아 질서와 조선에서의 한어漢語, 한리문漢吏文, 훈민정음訓民正音〉,《한국사학보》36, 2009; 정다함,〈조선 초기 야인과 대마도에 대한 번리藩籬 번병藩屛 인식의 형성과 경차관敬差官의 파견〉,《동방학지》141, 2008 등.

20 윤해동,〈연대와 배제─동아시아 근대민족주의와 지식인〉,《식민지 근대의 패러독스》, 휴머니스트, 2007, 100~105쪽.

21 대표적으로 정옥자,《조선중화사상연구》, 일지사, 1998; 최완수 외,《진경시대 1, 2》, 돌베개, 1998; 최희재,〈동아시아 국제질서의 변화와 한국〉,《사학지》39집, 2007.

22 이삼성,《동아시아의 전쟁과 평화 1》, 한길사, 2009, 419~655쪽.

23 하정식,《태평천국과 조선왕조》, 지식산업사, 2009.

24 이철성,〈19세기 전반기 조청 무역 관계의 특성〉, 한일관계사연구논집 편집위원회 편,《한국 근대국가 수립과 한일관계》, 경인문화사, 2010.

25 임형택,《문명의식과 실학》, 돌베개, 2009, 13~65쪽.

26 니시카와 나가오 저, 윤해동 외 역,《국민을 그만두는 방법》, 역사비평사, 2009.

27 김용구,《세계관 충돌의 국제정치학》, 나남, 1997; 김용구,《세계관 충돌과 한말 외교사》, 문학과 지성사, 2001; 김용구,《임오군란과 갑신정변》, 원, 2004 등.

28 오카모토 다카시岡本隆司 저, 강진아 역,《미완의 기획, 조선의 독립》, 소와당,

2009.

29 무쓰 무네미쓰陸奧宗光 저, 김승일 역, 《건건록蹇蹇錄》, 범우사, 1993, 44쪽.

30 위의 책, 136~139쪽.

31 류준필, 〈19세기 말 '독립'의 개념과 정치적 동원의 용법〉, 이화여대 한국문화
연구원, 《근대 계몽기 지식개념의 수용과 그 변용》, 소명출판, 2004, 15~57쪽.

32 오카모토 다카시, 앞의 책.

33 천광싱, 〈세계화와 탈제국, '방법으로서의 아시아'〉, 이정훈, 박상수 엮음, 《동
아시아, 인식지평과 실천공간》, 아연출판부, 2010, 89~92쪽. 천광싱은 두 개
의 세계관 혹은 두 개의 질서가 섞여서 길항하는 이런 측면 때문에, 특히 동아
시아에서는 제국주의와 식민주의를 구분할 필요가 절실하다고 주장한다. 곧
식민주의는 제국주의가 심화된 형태로서, 식민주의는 필연적으로 제국주의이
지만 제국주의가 반드시 식민주의인 것은 아니다.

34 이삼성, 《동아시아의 전쟁과 평화 2》, 한길사, 2009. 이삼성은 19세기 말부터
20세기 초에 걸쳐 새로운 동아시아 질서가 구축되는 과정을 '제국주의 카르텔'
이라는 개념을 이용하여 분석하고 있다. 이 개념은 카우츠키의 초제국주의
ultra-imperialism 개념을 변용한 것으로서, 이를 이용하여 미국을 포함한 제국주
의 국가들이 동아시아 분할과 새로운 질서의 성립에 어떤 방식으로 참여하고
있었는지 밝히고 있다.

35 스벤 사이러Sven Saaler, 〈국제관계 변용과 내셔널 아이덴티티 형성〉, 《한국문화》
41, 2009; 강창일, 《근대 일본의 조선 침략과 대아시아주의》, 역사비평사,
2002, 296~366쪽.

36 미야지마 히로시宮嶋博史, 〈일본에 있어서 '국사'의 성립과 한국사 인식日本に
おける '國史'の成立と韓國史認識〉, 미야지마 히로시, 김용덕 편, 《근대 교류사
와 상호 인식 I近代交流史と相互認識 I》, 게이오기주쿠대학 출판회, 2001,
329~63쪽.

37 야마무로 신이치 저, 정재정 역, 《러일전쟁의 세기》, 소화, 2010, 171~189쪽.

38 앙드레 슈미드Andre Schumid 저, 정여울 역, 《제국 사이의 한국》, 휴머니스트,

2007, 129~327쪽; 야마무로 신이치, 위의 책, 200~202쪽.

[39] 오스트 함멜은 식민주의적 사고의 기본 요소로 다음의 세 가지를 든다. 첫째, 인류학적으로 자신과 대조적인 타자상을 구성한다. 둘째, 사명에 대한 믿음과 보호의 책임, 곧 사명 이데올로기를 정식화한다. 셋째, 식민지에 비정치적 성격을 갖는 유토피아, 곧 질서의 왕국을 건설해야 한다는 의무감을 가진다. 오스트 함멜이 거론한 세 가지 요소 중에서, 특히 둘째와 셋째 사항이 잘 드러나지 않는 것이 동아시아 식민주의의 두드러진 특징으로 거론할 수 있지 않을까 싶다. 아래에서 설명하겠지만, 민도라는 자의적인 잣대로 구성된 문명화의 사명을 내세우고 있었지만 그것은 그다지 강하지 않았으며, 식민지배 말기로 갈수록 식민지의 정치적 역할은 더욱 강조되고 있었다. 오스트 함멜, 앞의 책, 165~174쪽.

[40] 니시카와 나가오는 식민주의란 '현재적 과제'에 의해 새로이 재조명된 것이므로 식민주의는 탄력적인 '발견의 과정'이 되어야 한다는 점을 강조한다. 니시카와 나가오, 앞의 《식민주의의 재발견》.

[41] 오구마 에이지小熊英二 저, 조현설 역, 《일본 단일민족 신화의 기원》, 소명출판, 2003, 106~162쪽.

[42] 야마무로 신이치, 앞의 책, 50~51쪽. 하지만 이를 두고, 서구의 국제법 체제를 내걸고 출범한 메이지 국가가 조공·책봉체제로 회귀했다고 보기는 어려울 것이다.

[43] 고마쓰 미도리小松綠, 《조선 병합의 이면朝鮮倂合之裏面》, 중외신론사, 1920, 144~156쪽.

[44] 일시동인이란 당송팔대가의 한 사람인 한유韓愈의 〈원인原人〉이라는 시에 나오는 말이다. 是故聖人一視而同仁, 곧 모든 사람을 동일하게 인으로 대하는 것은 유교사회 제왕의 역할에 속하는 일이라는 뜻이다.

[45] 조선출판협회, 《조선병합 10년사朝鮮倂合十年史》, 유문사, 1922, 221~227쪽.

[46] 일본제국주의가 표방했던 식민주의 이데올로기인 동화 정책의 기원과 그 폭력성에 대해서는 다음 저작을 할 것. 가라타니 고진 저, 이경훈 역, 《유머로서의

유물론》, 문화과학사, 2002, 297~300쪽; 윤해동, 《식민지 근대의 패러독스》, 휴머니스트, 2007, 229~247쪽. 구체적인 동화 정책의 전개에 대해서는 호사카 유지, 《일본제국주의의 민족 동화 정책 분석》, 제이앤씨, 2002; 권태억, 〈동화정책론〉, 《역사학보》172, 2001; 권태억, 〈1920, 30년대 일제의 동화 정책론〉, 《한국사론》53, 2007.

[47] 고마고메 다케시駒込武 저, 오성철 외 역, 《식민지 제국 일본의 문화 통합》, 역사비평사, 2007; 류미나, 〈일본 국민도덕론의 유입과 재생산〉, 《인문연구》51, 2007.

[48] 다카하시 도루 저, 구인모 역, 《식민지 조선인을 논하다》, 동국대학교 출판부, 2010.

[49] '무장적 문비'란, 대만 민정장관과 만철 총재를 지내면서 일본 식민주의 이데올로기를 정초한 이론가로 평가되고 있는 고토 신페이後藤新平가 주창했던 '문장적 무비文裝的 武備'라는 용어를 비꼬아 만든 말이다. 문장적 무비란 고토가 대만 통치경험을 바탕으로 만주 통치의 청사진으로 제시하기 위해 고안한 것으로서, 식민통치 과정에서 문장적 시설을 중시하되 무력 사용을 아끼지 않는다는 맥락에서 사용하고 있다. 하지만 1910년대 조선에서는 무력을 전면에 내걸고서 각종 문장 시설과 동화 정책을 적극적으로 시행하려 했다. 이런 점에서, 겉으로 보기에 차이가 있었지만 1910년대 조선의 식민 정책이 대만 및 만주에서의 그것과 크게 달랐다고 보기는 어려울 듯하다. 야마무로 신이치, 앞의 책, 241~247쪽; 문명기, 〈대만·조선총독부의 초기 재정 비교 연구〉, 《중국근현대사연구》44집, 2009.

[50] Gil J. Stein ed., *The Archaeology of Colonial Encounter*, School of American Research Press, 2005, 3~32쪽. 이 책의 필자들은 모든 식민지 지배에서 식민지 배자-피지배자가 이분법적으로 구분되지 않으며 쌍방향으로 영향을 미치는 것이 관철되고 있었다고 강조한다.

[51] 이 시기의 국체론과 민족이론의 동향에 대해서는 오구마 에이지, 앞의 책, 164~270쪽; 고마고메 다케시, 앞의 책, 243~295쪽.

52 대표적으로 다음 논문들을 할 수 있다. 장신, 〈1920년대 민족해방운동과 치안유지법〉, 《학림》 19집, 1998; 미즈노 나오키水野直樹, 〈조선에 있어서 치안유지법 체제의 식민지적 성격〉, 《법사학연구》 26호, 2002; 최종길, 〈식민지 조선과 치안유지법의 적용〉, 《한일관계사연구》 30집, 2008.

53 나리타 류이치成田龍一, 《다이쇼 데모크라시大正デモクラシー》, 이와나미 쇼텐, 2007.

54 일선동조론에 대한 최근의 성과로는 미쓰이 다카시, 〈'일선동조론'의 학문적 기반에 관한 시론〉, 《한국문화》 33, 2004; 장신, 〈일제하 일선동조론의 대중적 확산과 스사노오노미코토素戔嗚尊 신화〉, 《역사문제연구》 21, 2009; 장신, 〈3·1운동 직후 잡지 《동원》의 발간과 일선동원론〉, 《역사와 현실》 73, 2009.

55 미야지마 히로시는 일선동조론과 정체론이 상호 모순적이라고 보고 있다. 전자는 문명론적 아시아주의에, 후자는 탈아론적인 일본 인식에 근거하고 있기 때문이라는 것이다(미야지마 히로시, 앞의 글 참조.). 그러나 위에서 본 바와 같이, 현실에서 양자는 모순적인 방식으로 작동한 것이 아니라, 절묘하게 상호 보완적인 역할을 수행하고 있었다.

56 총력전 체제가 가진 조합주의적 성격과 복지국가적 전망에 대해서는 대표적으로 다음의 저작을 할 것. 야마우치 야스시山內靖, 빅터 코슈만ヴィクタ·コシュマン, 나리타 류이치 편, 《총력전과 현대화總力戰と現代化》, 가시와 쇼보柏書房, 1995.

57 총동원 정책과 교육, 징병, 참정권 등의 관련에 대해서는 윤해동, 〈식민지 인식의 회색 지대〉, 《식민지의 회색 지대》, 역사비평사, 2003.

58 천광싱은 동화assimilation와 황국신민화imperialization of the subject를 영문으로 번역할 때에 어휘가 달라지는 점을 근거로 들어 이 두 개념을 구분한다. 동화는 피식민자가 식민자를 향해 변화하는 일방적인 과정으로, 황국신민화, 곧 제국화는 그 양자의 쌍방향 운동의 과정이라고 본다. 천광싱, 앞의 글, 93~94쪽. 그러나 일본 제국에서 시행된 황국신민화정책은 그 이전부터 시행되던 동화 정책을 심화시킨 것으로서, 양자를 명확히 분리해서 이해하기 어려운 연속

성을 가진 실체다. 또 동화 정책이라는 동일화 이데올로기 역시 그것이 표방하는 일방성과는 달리 쌍방향적 상호작용을 속성으로 지니고 있다고 이해해야 할 것이다.

[59] 윤해동, 〈식민지 관료로 본 제국과 식민지〉, 《근대 역사학의 황혼》, 책과 함께, 2010, 246~254쪽.

[60] 박명규, 김백영, 〈식민지배와 헤게모니 경쟁〉, 《사회와 역사》 82집, 2009, 12~14쪽.

[61] 스벤 사아러, 앞의 글, 135~156쪽.

[62] 이리에 아키라入江昭 저, 이성환 역, 《일본의 외교》, 푸른산, 1993, 59~145쪽; 이리에 아키라 저, 이종국, 조진구 역, 《20세기의 전쟁과 평화》, 을유문화사, 1999.

[63] 야마무로 신이치, 앞의 책, 186~190쪽.

[64] 니시카와 나가오, 앞의 《신식민주의론》, 251~256쪽.

II. 에피고넨의 시대

1. 에피고넨의 시대, '내재적 발전론'을 다시 묻는다

[1] 윤해동, 〈'숨은 신'을 비판할 수 있는가?—김용섭의 내재적 발전론〉, 《한국사학사학보》 14호, 2006.

[2] 〈'숨은 신'을 비판할 수 있는가?—김용섭의 내재적 발전론〉이라는 글은 도면회, 윤해동 편, 《역사학의 세기》(휴머니스트, 2009)라는 책에 전재되었으며, 김용흠은 이에 대한 서평을 《내일을 여는 역사》라는 잡지에 게재했다(김용흠, 〈역사와 학문에 '건너뛰기'란 없다〉, 《내일을 여는 역사》 2009년 가을호.). 김용흠은 서평의 대부분을 본인의 글에 대한 정면 비판에 할애하고 있어서, 이 서평을 본인의

글에 대한 비판이라고 봐도 무방할 듯하다.

3 도면회, 〈'건너뛰기'가 아니라 '다시보기'다─김용흠 교수의 서평에 대한 반론〉, 《내일을 여는 역사》 2010년 봄호.

4 이세영, 〈'내재적 발전론' 둘러싼 '도전과 응전' 불붙나〉, 《한겨레신문》, 2010년 3월 10일.

5 도면회, 앞의 논문.

6 Epigone은 사전적으로는 '(열등한) 후계자' 혹은 '아류', '모방자' 등으로 정의된다. 한국 현대사학사에서 '내재적 발전론'이 아무리 혁명적인 의의를 지녔다고 하더라도 이를 묵수하거나 이에 대한 비판을 가로막는 행위는 비판을 통한 대안 모색에 게으른 '에피고넨'의 행태 바로 그것이 아니겠는가? '숨은 신'의 은유를 깨고 앞으로 나아갈 수 있어야만 에피고넨의 시대를 벗어날 수 있지 않겠는가?

7 이런 점에서 내재적 발전론을 비판하는 것이 학문을 '건너뛰는' 것이라는 김용흠의 논의야말로 근거 없고 희한한 논리일 수밖에 없다. 내재적 발전론을 비판하지 않고 '비판의 성역'으로 만드는 것이야말로 학문의 논의를 건너뛰는 셈이 아니겠는가? (김용흠, 앞의 논문.).

8 김성보, 〈근대의 다양성과 한국적 근대의 생명력〉, 《역사비평》 2001년 가을호; 김성보, 〈갈등과 불신의 시대에 남북 현대사를 다시 읽는다〉, 《창작과 비평》 2007년 봄호; 김성보, 〈탈중심의 세계사 인식과 한국근현대사 성찰〉, 《역사비평》 2007년 가을호.(이하 김성보, 앞의 논문 ①, ②, ③으로 표기)

9 김성보, 앞의 논문 ①.

10 이 글에서는 김성보의 비판에 대한 '축조적 반비판'의 형식을 취하기로 한다. "쓸데없이 오해를 살 수도 있을" 반비판의 형식을 굳이 택한 까닭은 포스트 담론 비판에 대한 관행화된 인식의 신화적 측면을 드러내기가 쉽기 때문이다.

11 김성보, 앞의 논문 ①. 한편 민주주의는 일반적으로 근대의 산물로 여기지 않는다. 민주주의를 근대의 산물이라고 보는 것은 고대 신분제적 사회에서 운영되었던 민주주의의 가치를 평가절하하는 발상이므로, 그렇다면 김성보에게 의

미 있는 민주주의는 그야말로 근대의 산물인 탈신분사회의 '자유민주주의'가 될 것이다. 그런데 자유민주주의에서 실현되는 민주주의가 정말 초시대적 가치를 지니고 있다고는 보기 어렵다.

12 김성보, 앞의 논문 ①. 또 탈근대 담론이 거대담론을 부정한다는 그의 지적 역시 부정확한 것이다. 탈근대 담론에 대한 오해로 인한 이런 지적은 여러 군데에 걸쳐 나타나지만, 이에 대해서는 더 이상 거론하지 않는다.

13 김성보, 앞의 논문 ①.

14 김성보, 앞의 논문 ①. 김성보는 자유민주주의와 자본주의가 긴밀히 연관되어 있다고 설정하고 있으므로, 민주주의가 근대의 산물이라는 그의 지적은 이러한 맥락에서 이해할 수 있을 것이다.

15 그러나 근대가 자본주의와 자유민주주의로 구성된다는 요소론적 접근은 매우 서구 중심적인 이해가 아닐까? 이런 점에서 서구 비판을 내세우는 그의 근대론은 자가당착에서 벗어나기 어렵다.

16 김성보, 앞의 논문 ①.

17 김성보, 앞의 논문 ①.

18 요소론적이고 정태적인 접근은 기계론적 이해를 불러올 수밖에 없다. 탈근대 담론 비판은 대개 서구중심주의적이고 기계론적인 논리가 기본을 이루는 경우가 많다.

19 김성보, 앞의 논문 ①.

20 근대에는 비근대, 반근대만이 아니라 대안근대적 요소도 다양하게 잠재해 있다는 점에 대해 많은 사람들이 빈번히 지적했다. 하지만 대안근대의 발현은 근대의 생명력을 주장함으로써 가능해지는 것은 아니다. 오히려 근대 비판을 통해야만 비로소 바라볼 수 있게 될 것이다.

따라서 김성보의 다음과 같은 주장은 정당하지만, 빠져나갈 출구가 없다. "실제 역사 속에서 헤게모니를 쥐게 된 서구적 근대성의 범주를 넘어서서, 역사 속에서 단지 가능성으로만 존재했거나 주변화한 대안적 근대성으로 관심의 폭을 넓힐 필요가 있다." 김성보, 앞의 논문 ③ 244~245쪽. 그의 논리에 따르면 근대의 생명력은 언제나 이런 가능성을 압살할 것이기 때문이다.

21 김성보, 앞의 논문 ①.

22 월러스틴 외, 송철순, 천지현 역,《반체제운동》, 창작과비평사, 1994; 월러스틴 외, 백승욱, 김영아 역,《이행의 시대》, 창작과비평사, 1999.

23 김성보, 앞의 논문, ①.

24 김성보, 앞의 논문, ①.

25 월러스틴 외, 이수훈 역,《사회과학의 개방》, 당대, 1996; 월러스틴, 김재오 역, 《유럽적 보편주의─권력의 레토릭》, 창비, 2008. 이제는 '다원적 보편'이라는 모순적 어법이 드러내는 새로운 보편의 세계를 새로이 추구해야 할 것이다. 근대 세계의 보편을 넘어설 수 있는 새로운 보편은 다원적 보편 혹은 보편적 보편이라는 모순적 상황 속에서 찾아야 하는 새로운 세계다.

26 근대 적응과 근대 극복이라는 개념 쌍은 계간지《창작과비평》을 중심으로 모인 지식인들이 주장한 근대 담론의 하나다. 여기에서는 이에 대해 논의할 만한 여유가 없지만, 이것이 김성보가 주장하는 근대 확장과 근대 지양이라는 개념 쌍과 유사한 방식으로 단계론적 이해라고 있다는 점만은 지적해둔다. 근대 적응과 근대 극복의 개념에 대해서는 이남주 엮음,《이중 과제론─근대 적응과 근대 극복의 이중 과제》, 창비, 2009.

27 김성보, 앞의 논문 ②.

28 김성보, 앞의 논문 ②.

29 김성보, 앞의 논문 ③, 391~392쪽.

30 김성보, 앞의 논문 ③, 253쪽.

31 김성보, 같은 논문, 256쪽.

32 김성보, 앞의 논문 ①, 194쪽.

33 김성보, 앞의 논문 ①.

34 김성보, 앞의 논문 ③, 257쪽.

35 김성보, 앞의 논문 ③.

36 물론 여기에는 논의되어야 할 더 많은 문제들이 잠재해 있다. 이와 관련하여

동아시아론을 원용하여 한반도 민족주의와 통일 논의를 진전시킬 필요가 있다는 데에 대해서 류준필, 〈분단체제론과 동아시아론〉, 이정훈, 박상수 편, 《동아시아, 인식지평과 실천공간》, 아연출판부, 2010.

37 이우영, 조한혜정 편, 《탈분단 시대를 열며》, 삼인, 2000.

38 예를 들어, 내재적 발전론과 제국주의 비판론 및 식민지근대화론을 변증법적으로 종합할 필요가 있다는 주장도 있고(이헌창, 〈한국사 파악에서 내재적 발전론의 문제점〉, 《한국사 시민강좌》 40호, 2007), 민족주의 역사학을 극복하기 위해서는 공화주의적 덕성을 갖춘 국민을 형성할 필요가 있고 이를 위해서 공화주의를 적극적으로 수용해야 한다는 논의도 있다(이윤갑, 〈한국 역사학의 새로운 길 찾기〉, 《한국학논집》 35집, 2007).

39 《분단 시대의 역사 인식》은 1978년 창작과비평사에서 간행되었다. 1970년대에 계간지 《창작과 비평》에 발표된 14편의 논문이 수록되어 있는 이 책은 인쇄를 거듭할 정도로 인기 있는 책이 되었으며, 최근까지도 중판을 간행하고 있다고 한다. 강만길은 이후 《한국민족운동사론》(한길사, 1985)과 《통일운동 시대의 역사 인식》(청사, 1990)이라는 사론서도 연이어 간행했다. 본인은 《한국민족운동사론》에 '속 분단 시대의 역사 인식'이라는 제목을 붙이려고 했을 만큼 강한 애착을 가졌다고 회고하고 있다. 1990년대 이전에 나온 위의 세 책은 강만길 사론집 3부작이라고 할 수 있으며, 그의 역사관이 뚜렷이 드러나 있다.

40 강만길, 앞의 《분단 시대의 역사 인식》, 13~24쪽.

41 윤해동, 〈'숨은 신'을 비판할 수 있는가?〉

42 강만길, 앞의 《한국민족운동사론》; 강만길, 《역사가의 시간》, 창비, 2010.

43 김용흠이 의문스러워하는 '공모성'은 이런 측면에서 곧 시대적 맥락을 통해 읽어야 할 대상이라는 점을 명백히 해둔다(김용흠, 앞의 글.). 다시 말하면, 권력과 권력 비판 담론이 공모하고 있었다는 지적을 글자 그대로 읽는 어리석음을 범해서는 안 된다는 말이다. 내재적 발전론을 주장하는 역사학자의 글에서, 박정희체제의 관변민족주의를 찬양하는 텍스트를 발견해야만 공모성을 인정할 수 있는 것은 아니다.

[44] 우카이 사토시鵜飼哲, 신지영 역,《주권의 너머에서》, 그린비, 2010, 156~177쪽.

[45] 월터 미뇰로, 앞의 책.

[46] 김상준, 〈중층근대성—대안적 근대성 이론의 개요〉,《한국사회학》제41집, 2007.

[47] 김성보, 앞의 논문 ③, 238~239쪽.

[48] 사카이 나오키, 이득재 역,《사산되는 일본어 일본인》, 문화과학사, 2003.

[49] 김성보, 앞의 논문 ②, 392쪽.

[50] 김성보, 앞의 논문 ③, 393~397쪽.

[51] 김성보, 앞의 논문 ②. 탈근대론자들은 객관적 사실을 인정하지 않는다는 이런 이해 방식은 도대체 어디에서 비롯된 것일까? 역사학의 언어적 전환linguistic turn은 역사의 객관성을 부정하기 위한 것이 아니라, 해석의 복합성을 주장하기 위한 것이 아니겠는가?

2. 일본에서의 한국 민중사 연구 비판

[1] 조경달, 〈한국어판 서문〉, 박맹수 역,《이단의 민중 반란》(서울: 역사비평사, 2008), 4~5쪽(원저는 趙景達,《異端の民衆叛亂》, 岩波書店, 1998).

[2] 같은 글, 5~6쪽.

[3] 조경달, 〈저자 후기〉, 앞의 책, 442~444쪽.

[4] 마쓰모토 다케노리松本武祝, 〈서장序章〉,《조선 농촌의 '식민지 근대' 경험朝鮮農村の〈植民地近代〉經驗》, 도쿄, 사회평론사社會評論社, 2005, 9~48쪽.

[5] 이타가키 류타板垣龍太, 〈'식민지 근대'를 파헤치며—조선사 연구에 있어서 현상과 과제'植民地近代'をめぐって一朝鮮史研究における現狀と課題〉,《역사평론歷史評論》654, 2004.

[6] 전전, 전후 일본에서의 조선사 연구 상황에 대해서는 하타다 다카시旗田巍, 이기동역,《일본인의 한국관》(서울: 일조각, 1983); 고길희,《하타다 다카시》(서울: 지식산업사, 2005).

7 전후 일본의 조선사 연구를 근대사를 중심으로 정리한 글로는, 조경달, 〈전후 일본의 조선사 연구―근대사 연구를 중심으로前後日本の朝鮮史研究―近代史研究を中心に〉,《역사학연구歷史學研究》 868, 2010.

8 신창우,《식민지 조선의 경찰과 민중 세계 1894~1919植民地朝鮮の警察と民衆世界 1894~1919》, 도쿄, 유시사有志社, 2008).

9 이타가키 류타,《朝鮮近代の歷史民俗誌―慶北尙州の植民地經驗》, 도쿄, 아카시쇼텐明石書店, 2008).

10 대표적으로 나미키 마사토시並木眞人, 〈조선에 있어서 '식민지근대성'·'식민지 공공성'·대일 협력朝鮮における'植民地近代性'·'植民地公共性'·對日協力〉,《국제교류연구國際交流研究》 5, 페리스여학원대학フェリス女學院大學, 2003.

11 물론 위의 두 가지 분류만으로 현재 일본에서 수행되고 있는 한국 근대사 연구 전체를 포괄할 수는 없다. 또 각각의 분류 역시 위에 거론한 몇몇 사람으로 대표하기는 어렵다. 하지만 일본에서의 한국 근대사 연구자의 성층이 그다지 두텁지 않다는 점을 감안하면, 두 가지 흐름을 이들을 중심으로 살펴보는 작업이 무의미하지는 않을 것이다.

12 민중사 연구와 식민지근대론의 개략적 소개로는 허수, 〈새로운 식민지 연구의 현주소〉,《역사문제연구》 16, 2006; 마쓰모토, 앞의 책, 〈서장〉 참조.

13 조경달의 한국 근대사 연구는 아래에서 살펴보는 바와 같이, 주로 민중운동사를 중심으로 수행되고 있다. 하지만 그는 자신의 민중운동사 연구를 민중사 연구를 위한 매개항 또는 중간 단계 정도로 여기고 있으므로, 그의 연구를 '민중사' 연구로 규정해도 그다지 무리는 없을 것이다.

14 조경달, 앞의《이단의 민중반란》.

15 조경달,《조선 민중운동의 전개朝鮮民衆運動の展開》, 도쿄, 이와나미쇼텐, 2002. 한국어판은 허영란 역,《민중과 유토피아》(서울: 역사비평사, 2009).

16 조경달, 앞의《민중과 유토피아》, 30쪽. 번역판이 있는《이단의 민중 반란》과《민중과 유토피아》두 권의 책은 한국어판을 중심으로 인용한다.

17 조경달,《식민지기 조선의 지식인과 민중植民地期朝鮮の知識人と民衆》, 도쿄, 유

시사, 2008.

18 특히 1장 〈식민지근대론 비판〉에서 그의 입장이 잘 드러나고 있다. 조경달, 앞의 《식민지기 조선의 지식인과 민중》, 9〜32쪽.

19 조경달, 앞의 《이단의 민중 반란》, 4〜6쪽.

20 조경달, 앞의 《이단의 민중 반란》, 13〜30쪽. 조경달은 민중이 일상적인 존재이며 민중의 일상성에 착안해야 한다는 말을 여러 곳에서 되풀이하고 있다. 하지만 그것이 무엇인지에 대해서는 엄밀하게 규정하고 있지 않으므로, 그가 말하는 '생활주의'란 일상성을 가리키는 것처럼 보인다. 여기에서는 생활주의 혹은 생활(사)과 일상(성)을 동일한 차원의 개념으로 사용하기로 한다.

21 조경달, 앞의 《이단의 민중 반란》.

22 조경달, 앞의 《이단의 민중 반란》.

23 한국의 민중사학이 내세운 민중이란 대표적으로 다음과 같다. 노동자·농민은 물론 민족 모순과 계급 모순에 직면해 있는 소시민·민족자본가·지식인 등 광범한 계급·계층을 포괄하는 범주를 민중으로 규정한다. 조경달, 앞의 《민중과 유토피아》, 15〜30쪽.

24 조경달, 앞의 《이단의 민중 반란》, 4〜6쪽.

25 조경달은 일본에서 종래의 '인민투쟁사 연구'에서 '민중운동사 연구'로 연구 방법의 전회를 이룬 것은 역사학 연구에서 큰 진전으로 평가할 수 있다고 주장한다. 조경달, 앞의 《이단의 민중 반란》.

26 조경달, 앞의 《이단의 민중 반란》.

27 조경달, 앞의 《이단의 민중 반란》.

28 조경달, 앞의 《이단의 민중 반란》.

29 조경달, 앞의 《이단의 민중 반란》.

30 조경달, 앞의 《식민지 조선의 지식인과 민중》, 1〜8쪽.

31 조경달, 앞의 《이단의 민중 반란》, 13〜30쪽.

32 한국어로 번역된 저작 가운데 통속 도덕을 소개하는 것으로는 야스마루 요시오安丸良夫, 박진우 역, 《현대일본사상론》(서울: 논형, 2006), 213〜238쪽.

[33] 야스마루 요시오, 앞의 《현대일본사상론》.

[34] 야스마루 요시오, 앞의 《현대일본사상론》.

[35] 야스마루 요시오, 앞의 《현대일본사상론》, 33~58쪽; 조경달, 앞의 《민중과 유토피아》, 43~49쪽.

[36] 조경달, 앞의 《이단의 민중반란》, 61~96쪽.

[37] 조경달, 앞의 《이단의 민중 반란》.

[38] 조경달, 앞의 《이단의 민중 반란》, 333~364쪽; 조경달, 앞의 《민중과 유토피아》, 109~133쪽.

[39] 조경달, 앞의 《민중과 유토피아》.

[40] 조경달, 앞의 《민중과 유토피아》.

[41] 한국 역사학계의 동학농민전쟁 연구 경향에 대해서는, 한국역사연구회 편, 《1894년 농민전쟁 연구(1~5)》(서울, 역사비평사, 1991~1995).

[42] 조경달, 앞의 《민중과 유토피아》. 이 책에서 다룬 식민지 시대의 민중운동은 모두 4 장으로 이루어져 있는데, 그 가운데 세 장은 신흥 종교의 운동을 다룬 것이다.

[43] 조경달, 〈서론〉, 앞의 《식민지기 조선의 지식인과 민중》, 1~8쪽.

[44] 조경달, 앞의 《식민지기 조선의 지식인과 민중》.

[45] 이에 대해서는 윤해동, 〈'식민지 근대'의 패러독스〉, 《식민지 근대의 패러독스》(서울: 휴머니스트, 2007); 윤해동, 〈트랜스내셔널 히스토리의 가능성〉, 《역사학보》 200, 2008.

[46] 조경달, 앞의 《식민지기 조선의 지식인과 민중》, 1~8쪽.

[47] 마쓰모토 다케노리, 앞의 책, 9~48쪽.

[48] 조경달, 앞의 〈전후 일본의 조선사 연구─근대사 연구를 중심으로〉.

[49] 조경달, 앞의 〈전후 일본의 조선사 연구─근대사 연구를 중심으로〉.

[50] 조경달, 〈식민지근대성론 비판〉, 앞의 《식민지 조선의 지식인과 민중》, 9~32쪽.

[51] 조경달, 앞의 〈서론〉, 《식민지 조선의 지식인과 민중》.

52 조경달, 앞의 〈식민지근대성론 비판〉, 《식민지 조선의 지식인과 민중》.

53 조경달, 앞의 《식민지 조선의 지식인과 민중》.

54 조경달, 앞의 《식민지 조선의 지식인과 민중》.

55 조경달, 앞의 《식민지 조선의 지식인과 민중》. 식민지 공공성 개념을 이항대립의 논리라고 간주하기 때문에, 식민지 공공성에 포섭된 민중 세계 내부에도 차이와 균열, 나아가 배제의 논리가 존재했다는 윤해동의 주장을 그는 도저히 이해하기 어려운 논리라고 비판한다. 이는 공공성 개념을 너무 정태적으로 수용한 결과라고 할 것이다.

56 조경달, 앞의 《식민지 조선의 지식인과 민중》.

57 조경달, 앞의 《식민지 조선의 지식인과 민중》.

58 조경달, 앞의 《식민지 조선의 지식인과 민중》.

59 조경달, 앞의 《식민지 조선의 지식인과 민중》.

60 야스마루 요시오, 앞의 책, 71~113쪽.

61 윤해동, 〈식민지근대와 공공성〉, 《사이》 8, 국제한국문학문화학회, 2009.

62 앞서 본 바와 같이 마쓰모토 역시 조심스럽게 일종의 동시대성 혹은 근대의 헤게모니를 인정하고 있다. 하지만 식민지근대론 일반이 그런 헤게모니를 인정하고 있는지는 의문이다.

63 조경달, 앞의 〈식민지근대성론 비판〉, 앞의 《식민지 조선의 지식인과 민중》, 9~32쪽.

64 윤해동, 앞의 〈식민지 근대와 공공성〉. 여기에서는 식민지 공공성 개념에 대한 오해가 식민지 시대에 공공성이 실재했다는 실재론實在論과 그것은 단지 환상에 지나지 않는다는 환상론幻想論으로부터 초래되었다고 했다. 전자는 조경달이, 후자는 나미키 마사토시가 대표한다고 보았다.

65 대표적으로 사이토 준이치齋藤純一, 윤대석 외 역, 《민주적 공공성》(서울: 이음, 2009), 50~54쪽(원저는 《公共性》, 岩波書店, 2000)

66 일상생활의 파편성과 아울러 그 양면성에 대해서는 앙리 르페브르, 박정자 역, 《현대 세계의 일상성》(서울: 기파랑, 2005), 42~144쪽. 이와 아울러 해리 하르투

니안, 서정은, 윤영실 역,《역사의 요동》(서울: 휴머니스트, 2006).

[67] 물론 근대적 개인의 자율성을 과도하게 인정할 수는 없을 것이다. 그러나 근대적 개인의 개별성의 형성과 사회적 분화를 인정한다면, 민중이라는 집단 주체를 설정하기 위해 가장 기초적으로 근대인의 개별성과 맺는 관련 양상을 무시해서는 안 될 것이다.

[68] 근래에 한국 역사학계 일각에서 '새로운 민중사'를 내걸고서, 이전의 '민중사학'과는 차별적이며 탈근대 지향적이기도 한 민중사를 모색하려는 시도가 있다. 이런 시도에 대해서는 〈특집·경계에 선 민중, 새로운 민중사를 향하여〉(《역사문제연구》23, 2010)에 수록된 여섯 편의 논문을 참조하라. 그중에서 특히 이용기의 〈'새로운 민중사'의 지향과 현주소〉라는 논문을 통해, 연구 현황과 민중사 연구자들의 고투를 살펴볼 수 있다. 하지만 '새로운 민중사' 역시 민중이라는 집단 주체가 이전의 민중과 어떻게 다른지, 왜 이런 주체를 중심으로 역사를 봐야 하는지에 대해 설득력 있는 논리나 성과를 제시할 필요가 있을 것이다.

[69] 마쓰모토는 식민지에 근대의 헤게모니가 존재하고 있었다고 주장했다(마쓰모토, 앞의 책 참조). 그러나 식민지 권력과 그 하위에 존재하는 조선인 엘리트들의 헤게모니를 중심으로 다원적 헤게모니가 경합하고 있던 장이 식민지일 것이다. 이런 차원에서 헤게모니에 접근하면, 식민지민의 일상의 성격이 더욱 선명하게 부각될 것이다.

[70] 식민지근대론과 민중사 연구를 중심으로 새로운 방향을 모색하는 기존의 논의로는 허수, 앞의 글. 단 허수 역시 근대 주체에 대한 과도한 강박에 얽매인 것처럼 보인다.

[71] 윤해동, 앞의 〈트랜스내셔널 히스토리의 가능성〉.

3. 뉴라이트 운동과 역사 인식

[1] 한귀영, 《진보 대통령 vs 보수 대통령》, 폴리테이아, 2011.

[2] 대표적으로 민병호·나기환 공저, 《뉴라이트가 세상을 바꾼다》, 예아름미디어, 2007.

[3] 2004년을 전후하여 뉴라이트 운동이 본격적으로 등장하게 된 배경으로는, 위에 거론한 원인에 더하여 북한 핵과 미사일 문제로 인해 북미 관계가 악화되었다는 점, 한국에서 신자유주의의 세계적 추세를 수용하는 흐름이 형성되었다는 점, 한국 사회의 사회적 양극화가 심화되고 노무현 정부의 지지도가 하락했다는 점 등을 들 수 있을 것이다. 정해구, 〈뉴라이트 운동의 현실 인식에 대한 비판적 검토〉, 《역사비평》, 2006년 가을호; 강정인, 〈개혁적 민주 정부 출범 이후(1998~) 한국의 보수주의: 보수의 자기 쇄신?〉, 《사회과학연구》 16-2.

[4] 신일철, 《뉴라이트와 시장의 철학》, FKI미디어, 2004, 5~15쪽.

[5] 신일철, 앞의 책, 5~15쪽.

[6] 뉴라이트 운동의 주요한 당사자 중의 한 사람인 신지호는 이른바 '천하사분론'에 입각하여 정치이념의 지형을 수구 우파, 수구 좌파, 혁신 우파, 혁신 좌파로 나누고, '혁신 우파 대 수구 좌파'의 구도를 창출하기 위해 뉴라이트 운동을 전개했다고 술회하고 있다. 신지호, 《뉴라이트의 세상 읽기》, 기파랑, 2006, 머리말 참조.

[7] 민병호·나기환, 앞의 책.

[8] 민병호·나기환, 앞의 책; 신지호, 앞의 책.

[9] 뉴라이트 정책위원회, 《뉴라이트 한국 보고서》, 도서출판 뉴라이트, 2007.

[10] 정해구, 앞의 책; 강정인, 앞의 책. 뉴라이트 운동을 전향한 '주사파'(북한의 주체사상을 수용한 사회운동 파벌을 이름—인용자)가 주도한 운동으로 파악하는 논리로는 방인혁, 《한국의 변혁 운동과 사상 논쟁》, 소나무, 2009, 628~650쪽.

[11] 정해구, 앞의 책; 강정인, 앞의 책; 방인혁, 앞의 책. 그리고 각주 18과 19에 거론된 연구 성과를 참조 할 것.

[12] 교과서포럼, 《대안 교과서 한국 근·현대사》, 기파랑, 2008.

[13] 박효종·김종석·전상인, 《고등학교 한국사 교과서 참고자료》, 전국경제인연합회, 2001.

[14] 〈소개〉, 교과서포럼 홈페이지.

[15] 〈창립선언문〉, 교과서포럼 홈페이지.

[16] 실증주의는 서구를 포함한 근대 역사학 일반의 주류적 흐름에서 강력한 경향의 하나로 표방되었다. 이는 한국의 경우에도 예외가 아니었으므로, 이런 점에서 교과서포럼이 내세웠던 실증주의는 그들이 그토록 강하게 성토했던 주류역사학의 방향과 전혀 다르지 않았다. 그동안 역사적 사실의 진위 여부를 중심으로 뉴라이트 역사학 비판이 수행되었던 것도 이런 이유 때문이다. 〈머리말〉, 윤해동 외, 《근대를 다시 읽는다 1,2》, 역사비평사, 2006.

[17] 교과서포럼 편, 《한국 현대사의 허구와 진실》(두레시대, 2005)는 학술회의 성과를 묶은 것이다.

[18] 정해구, 앞의 책; 신주백, 〈교과서포럼의 역사 인식 비판〉, 《역사비평》, 2006년 가을호; 손호철, 〈남남 갈등의 남남 갈등을 넘어서: 뉴라이트와 분단체론의 비판적 고찰〉, 《진보평론》 30호, 2006; 하종문(2007), 〈반일민족주의와 뉴라이트〉, 《역사비평》 2007년 봄호 등.

[19] 주요 비판 논문을 소개하면 다음과 같다. 계간지 《역사비평》은 2008년 여름호 특집으로 뉴라이트 역사 교과서를 분석-비판하는 논문을 실었다(주진오, 〈뉴라이트의 식민사관 부활 프로젝트〉, 《역사비평》 2008년 여름호; 박찬승, 〈식민지근대화론에 매몰된 식민지시기 서술〉, 같은 책; 홍석률, 〈대안 교과서의 난감한 역설〉, 같은 책.). 특집에 실린 논문들과 다른 지면에서 발표된 논문들을 합쳐서 역사교육연대회에서는 한 권의 단행본으로 출간했다(역사교육연대회의, 《뉴라이트 위험한 교과서, 바로 읽기》(서해문집, 2009). 이 밖에도 주종환, 《뉴라이트의 실체 그리고 한나라당》(일빛, 2008) 김기협, 《뉴라이트 비판》(돌베개, 2008) 등 두 권의 단행본이 간행되어 있다. 기타 논문으로는 하경수(2008), 〈기억의 충돌과 역사 교과서—《대안 교과서 한국 근·현대사》의 대안성〉, 《사회과교육연구》 15-2, 2008; 신주백, 〈

일본 우익의 후쇼샤 교과서와 '대안 교과서'〉, 《내일을 여는 역사》 32호, 2008 등의 논문. 이 가운데서 김기협의 논의가 가장 포괄적이고 균형 잡힌 비판을 제공한다.

20 필자는 대안 교과서 출간에 맞추어 집필자 중의 한 사람인 이영훈 교수와 대담을 진행한 적이 있다. 〈대안 교과서 한국 근현대사 논란〉, 《경향신문》, 2008년 4월 1일. 이 글의 서술은 위 대담에서 필자의 발언 내용과 큰 틀에서 일치한다.

21 〈책을 내면서—대한민국 근·현대사를 바로 쓰다〉, 교과서포럼, 앞의 《대안 교과서 한국 근·현대사》.

22 대안 교과서가 출간되기 전에, 교과서포럼에 참여하고 있던 박지향·이영훈·김일영 등이 공동으로 편집한 《해방 전후사의 재인식 1, 2》(책세상, 2006)이라는 책이 출판되었다. 주지하다시피, 이 책은 《해방 전후사의 인식 1~6》(한길사)이라는 책을 넘어서기 위해 새로운 경향의 다양한 근·현대사 논문들을 편집한 것으로서, 교과서포럼의 취지와 반드시 일치한다고 하기는 어렵다. 그런데도 머리말에서 밝힌 취지에서는 양자가 대단히 유사한 측면을 보이고 있다.

차라리 편집자 중의 한 사람인 이영훈이 위의 책에 소개된 논문을 대중을 위해 풀어 쓴 《대한민국 이야기》라는 단행본이 뉴라이트 진영의 한국사 인식을 잘 요약하고 있는 것처럼 보인다(이영훈, 《대한민국 이야기》, 기파랑, 2007.). 이와 함께 뉴라이트 진영에 속한 네 명의 역사학자들이 공동으로 집필한 다음 책도 뉴라이트 진영의 역사 인식을 확인하는 데 참고할 만하다. 박효종·최문형·김재호·이주영, 《빼앗긴 우리역사 되찾기》, 기파랑, 2006.

23 식민지근대화론에 대한 비판은 대단히 많지만, 그 비판이 정곡을 찌르는지에 대해서는 회의적이다. 식민지근대화론의 성격과 그를 둘러싼 논쟁에 대해서는 필자의 다음 글을 할 것. 윤해동, 〈트랜스내셔널 히스토리의 가능성〉, 《근대 역사학의 황혼》, 책과함께, 2010.

24 아마티아 센, 이상환·김지현 역, 《정체성과 폭력》, 바이북스, 2009, 61~90쪽.

25 윤해동, 앞의 책.

26 앞의 주 19 참조.

27 교과서포럼, 앞의《대안 교과서 한국 근·현대사》144~163쪽.

28 뉴라이트 운동 진영의 일원으로 참여하고 있던 김일영은 이승만과 김일성의 노선이 기능적으로는 등가성을 갖지만, 이승만의 노선은 실현되지 못했다는 점에서 결과적으로 차이가 생겨났다고 해석한다. 이런 점에서 그의 해석은 뉴라이트의 '공식' 해석과는 일정한 차이를 갖는다. 그러나 그 역시 한국 현대사를 건국(이승만 시대)과 부국(박정희 시대)이라는 연속적 계승의 개념으로 해석한다는 점에서 뉴라이트의 역사 해석과 공통점을 가진다. 김일영, 《건국과 부국 ―이승만·박정희 시대의 재조명》, 기파랑, 2005.

29 '대중독재'라는 시각에서 본 박정희 정권의 성격에 대해서는 윤해동, 〈대중독재론'과 한국의 민주주의〉, 《식민지 근대의 패러독스》, 휴머니스트, 2007.

30 홍석률, 앞의 〈'대한 교과서'의 난감한 역설〉.

31 《경향신문》, 2011년 8월 15일, 8월 17일, 8월 18일 등.

32 2011년 7월 28일 한국현대사학회가 〈역사 교육 과정 개정(안) 수정 요구에 대한 검토 의견〉이라는 제목의 문건을 국사편찬위원회에 제출한 후, 이를 근거로 국사편찬위원회는 8월 9일 교육 과정 고시안에 임의로 자유민주주의를 삽입했다는 것이 정설이다. 한국근현대사학회, 〈한국근현대사학회의 질의문〉.

33 〈우파, 독재자 동상·교과서 수정……'국가주의 이념' 대공세〉, 《경향신문》, 2011년 8월 26일.

34 국방부는 2011년 8월 12일 '한국사 교과서 집필 기준 개정에 대한 제안서'를 교육과학기술부에 보냈다. 《경향신문》 앞의 글.

35 〈민주주의→자유민주주의, 역사 교육 과정 변칙 수정〉, 《경향신문》, 2011년 8월 15일.

36 〈창립선언문〉, 교과서포럼 홈페이지.

37 〈창립선언문〉, 앞의 글.

38 〈자유민주주의는 헌법 정신 아니다……민주주의로 되돌려야〉, 《경향신문》, 2011년 10월 8일.

39 〈역사교과서 '자유민주주의' 등 그대로……뉴라이트 손 들어줘〉, 《경향신문》,

2011년 11월 9일.

40 〈시민사회의 거센 저항 직면한 역사 교과서 개악〉, 《경향신문》, 2011년 11월 15일 사설. 2011년 11월 28일 한국역사연구회를 중심으로 한 학술, 시민운동 단체 연대 회의는 교육 과정을 재고시하고 주무장관인 교육부장관의 해임을 건의하는 제안을 대통령에게 제출했다.

41 한국현대사학회 홈페이지 http://www.kconhistory.com.

42 〈'역사전쟁' 다시 불붙나〉, 《경향신문》, 2011년 5월 19일; 〈누가 역사 내전을 부추기나〉, 《한겨레21》, 2011년 6월; 〈한국현대사학회=교과서포럼?〉, 《시사인》 204호, 2011년 8월.

43 2007년에 전경련은 새로운 모형의 차세대 경제 교과서를 개발하려 시도한 적이 있다. '전국경제교육학회'가 집필한 《차세대 중학교(고등학교) 경제》라는 책이 그것이다. 그러나 이 책에서는 시장중심의 논리가 위의 참고자료 만큼 강하게 관철되지는 않은 것으로 보인다. 아마 전경련의 입장도 시장 중심의 입장은 견지하되, 기업 중심으로 점차 이동하고 있다고 할 것이다.

44 박효종·김종석·전상인, 앞의 책, 121~144쪽.

45 박효종·김종석·전상인, 앞의 책, 134쪽.

46 〈머리말〉, 박효종·김종석·전상인, 앞의 책.

47 김일영은 한국 경제의 성장과 산업화가 발전 국가에 의해 수행된 성과라는 점을 강조한다. 김일영, 앞의 《건국과 부국—이승만·박정희 시대의 재조명》.

48 정일준, 〈미제국의 제3세계 통치와 근대화이론〉, 《경제와 사회》 57호, 2003.

49 이용일, 〈유럽중심주의와 근대화〉, 《역사와 경계》 69, 2008.

50 마상윤, 〈근대화 이데올로기와 미국의 대한 정책〉, 《국제정치논총》 42~3, 2002.

51 박태균, 《원형과 변용》, 서울대학교출판부, 2007; 정일준, 앞의 글; 마상윤, 앞의 글.

52 프랑크 피츠제럴드, 〈발전사회학〉, 이각범 편, 《제3세계 사회 발전 논쟁》, 한울, 1986, 45~63쪽; 이용일, 앞의 글, 421~423쪽.

53 더글러스 러미스·쓰지 신이치, 김경인 역, 《에콜로지와 평화의 교차점》, 녹색
평론사, 2010.

54 프랑크 피츠제럴드, 앞의 글.

55 박태균, 앞의 책, 147~151. 박태균은 1960년대 미국의 근대화론과 한국 '식민
지근대화론'이 식민지배 경험에 대해 긍정적인 평가를 내린다는 점에서 유사
성을 가진다는 점을 강조하고 있다. 그러나 두 이론이 갖는 유사성이 단지 이
정도 차원에 머무르지는 않을 것이다.

56 박지향, 앞의 〈서론〉, 《해방 전후사의 재인식 1,2》.

57 박효종, 〈교과서, 무엇이 문제인가〉, 박효종·최문형·김재호·이주영, 앞의 책,
24~ 73쪽.

58 이영훈은 민족주의만이 아니라 '국가주의'의 위험성에 대해서도 경고하는 것
을 잊지 않는다. 그러나 '국가의 역사학'이 필요하다는 점은 인정함으로써 자
신의 국가주의가 무엇인지 혼란스럽게 만들고 있다. 이영훈, 〈왜 다시 해방전
후사인가〉, 박지향·이영훈·김일영 등, 앞의 책, 25~63쪽.

59 김만권, 《참여의 희망》, 한울, 2009, 245~264쪽; 김만권, 〈'헌법애국주의', 자
신이 구성하는 정치 공동체에 애정을 갖는다는 것〉, 《시민과 세계》 16호, 2009.

60 애국주의를 둘러싼 논쟁으로는 장은주, 〈대한민국을 사랑한다는 것〉, 《시민과
세계》 15호, 2009; 김만권, 앞의〈'헌법애국주의', 자신이 구성하는 정치 공동체
에 애정을 갖는다는 것〉; 장은주, 〈민주적 애국주의와 민주적 공화주의: 비판
과 문제제기에 대한 응답〉, 《시민과 세계》 17호, 2010; 한승완, 〈'자유주의적
민족주의'와 '헌법애국주의〉, 《사회와 철학》 20호, 2010. 또 '좋은 애국주의'에
관한 논의로는 김명섭, 〈세계주의 대 애국주의〉, 조희연·지주형 편, 《지구화
시대의 국가와 탈국가》, 한울, 2009.

61 서동진, 〈과연 공화국만으로 충분한가: 애국주의 논쟁을 되짚어보아야 할 이유
〉, 《시민과 세계》 17호, 2010.

62 콰미 앤서니 애피아, 〈세계시민주의적인 애국자〉, 마사 너스봄 외, 《나라를 사
랑한다는 것》, 삼인, 2003, 45~56쪽; 콰미 앤서니 애피아, 《세계시민주의》, 바

이북스.

63 임마누엘 월러스타인, 〈애국주의도 아니고 세계시민주의도 아니다〉, 마사 너
스봄 외, 앞의 책, 삼인, 171~177쪽.

64 김명섭(2009).

65 신지호, 앞의 책, 214~216쪽.

66 이영훈, 앞의 〈왜 다시 해방 전후사인가〉, 앞의 《대한민국 이야기》.

67 이주영, 〈고교 '근현대사' 교과서 이렇게 만들어야〉, 박효종·최문형·김재호·이
주영, 앞의 책, 188~228쪽.

68 뉴라이트 역사 해석에서의 민족주의와 국가주의의 관련에 대해서는 다음 글을
할 것. 〈머리말〉, 윤해동 외, 《근대를 다시 읽는다》.

69 최성철은 '비역사'를 일곱 가지의 범주로 나뉘는 '반역사적 사상'의 한 갈래로
해석한다. 그는 19세기 유럽의 반역사적 사상을 비역사, 반역사, 무역사, 초역
사, 탈역사, 전역사 등의 일곱 범주로 나누고 있다. 그중 '비역사'는 역사가 아
닌 모든 것을 포괄하는 개념, 곧 역사의 반의어들 가운데 가장 포괄적인 개념
으로 정의한다. 최성철, 《과거의 파괴―19세기 유럽의 반역사적 사상》, 서강대
학교출판부, 2012, 6~24쪽.

70 김원은 뉴라이트 역사 해석이 "단일한 시간 위에서 인간의 행위가 일정한 인과
관계에 따라 연속적으로 전개되는 과정"이라고 규정하는 근대 역사학의 전제
에 대해 메타역사학적 비판의 성격이 있음을 강조한다. 김원의 해석은 바로 비
역사적 역사로서의 뉴라이트 역사 해석이 지닌 특징을 지적하는 것이겠다. 김
원, 《박정희 시대의 유령들》, 현실문화, 2011.

71 이명박 정권의 마지막 해인 2012년에 들어서 뉴라이트 운동은 거의 소멸한 것
처럼 보인다. 이명박 정권의 등장과 함께 전성기를 구가했던 뉴라이트 운동이
불과 5년이 지나기도 전에 스스로를 부정하고 몰락의 길로 들어서게 된 것 역
시 과도한 정치성 때문일 것이다. 〈뉴라이트는 왜 8년 만에 몰락하게 됐나〉,
《주간경향》 983호, 2012.

72 〈우파, 독재자 동상·교과서 수정……국가주의 이념 대공세〉, 《경향신문》, 2011

년 8월 26일; 김한종, 〈교육 과정은 누가, 어떻게 만들어야 하나〉,《'한국사' 교육 과정 논란과 역사 교육 정상화 방안 모색》, 학술토론회 자료집, 2011년 5월 16일.

73 한철호, 〈한국사 교과서 편향성 논란과 교육 과정 개정 일정상의 문제점〉, 앞의 학술토론회 자료집.

74 이기정,《교육을 잡는 자가 대권을 잡는다》, 인물과 사상사, 2011, 89~101쪽; 이기정, 〈교육의 2013년 체제를 만들자〉,《창작과비평》155호, 2012년 봄호, 51~67쪽.

75 근대 역사학이 맞이한 메타역사학적 위기를 강조하기 위해, 필자는 책의 제목에서 '황혼'이라는 은유를 사용하기도 했다. 윤해동, 앞의《근대 역사학의 황혼》.

III. 탈식민주의 상상

1. 협력의 보편성과 근대 국가

1 여기에서 '우리'는 누구인가? 나를 포함하여, '친일반민족 행위'가 거론되는 역사적, 현실적 맥락 속에 놓여 있는 공동체에 소속되어 있다고 인지하는 사람들일 것이다. 그러므로 자신이 그 공동체와 관련이 없다고 생각하는 모든 사람들은 '우리'의 범주에 포함되지 않는다. 따라서 '우리'라는 복수 주체는 대단히 유동적이고 배제적인 주체임을 알 수 있다. 그런데도 굳이 '우리'라는 주체를 사용한 것은 친일반민족 행위라는 범주 자체가 지닌 제약성을 강조하기 위해서이다. 또 친일pro-japanese과 협력collaboration 사이에는 큰 차이가 있으나, 친일·반민족 행위·협력·부역 등의 개념이 혼용되고 있는 현실을 감안하여 여기에서는 일단 친일·협력(자)이라는 절충적인 개념을 주로 사용하기로 한다.

2 윤해동, 〈친일·협력자 조사의 윤리학〉,《근대 역사학의 황혼》, 책과함께, 2010, 269~293쪽. 이와 아울러 해방 이후 친일협력자 연구는 수많은 성과를 쌓고 있

는데, 연구의 대체적 추이와 경향성에 대해서는 김민철·조세열, 〈'친일' 문제의 연구 경향과 과제〉,《사총》63집, 2003; 권명아, 〈환멸과 생존: '협력'에 대한 담론의 역사〉,《민족문학사연구》제31호, 2006 등.

3 윤해동, 〈친일과 반일의 폐쇄회로에서 벗어나기〉,《식민지근대의 패러독스》, 휴머니스트, 2007, 229~247쪽.

4 윤해동, 앞의 〈친일·협력자 조사의 윤리학〉, 269~293쪽.

5 과거사 청산을 둘러싼 위원회 출범 전후의 논란과 정치적 성격에 대해서는, 김민철,《기억을 둘러싼 투쟁》, 아세아문화사, 2006.

6 교과서포럼 편,《한국 현대사의 허구와 진실》, 두레시대, 2005, 29~65쪽.

7 박지향, 〈머리말〉, 박지향·김철·김일영·이영훈 편,《해방전후사의 재인식 1》, 책세상, 2006, 2~21쪽.

8 윤해동, 앞의 〈친일·협력자 조사의 윤리학〉, 269~293쪽.

9 윤해동, 앞의 〈친일과 반일의 폐쇄회로에서 벗어나기〉, 229~247쪽.

10 아직 '위원회'의 활동에 대해 본격적으로 평가한 분석적인 글은 없어 보인다. 단, 위원회의 성과를 민족문제연구소의《친일인명사전》과 비교하면서 간단히 비교·평가한 것으로는 다음 논문을 할 수 있다. 김민철·장완익, 〈친일반민족행위의 진상 규명과 재산 환수〉, 민족문제연구소·포럼 진실과 정의 편,《역사와 책임》1호, 2011.

11 친일반민족 행위진상규명위원회는 그 활동을 마치면서 2009년에 방대한 규모의《친일반민족 행위진상규명보고서》(이하《보고서》)를 발간했다. 그 내용을 보면, 위원회 '활동 보고서' 2권, '친일민족반역자'들의 행적을 조사한 '조사 보고서' 4권, 그리고 각 인물에 대한 '심의 조서' 19권 등이다.

12 친일반민족 행위진상규명위원회,《친일반민족 행위진상규명보고서 I》(이하《보고서 I》), 2009, 27~29쪽.

13 〈일제강점하 반민족 행위 진상 규명에 관한 특별법〉,《보고서 I》, 258~268쪽.

14 《보고서 I》, 27~29쪽.

15 《보고서 I》. 또한 이 위원회의 활동이 반민특위 활동의 연장선 위에 놓인 것으

로서, 국가권력을 통한 친일청산의 역사적 계승이라는 점도 강조한다.

16 《보고서 I》.

17 《보고서 I》, 29~37쪽.

18 2004년 개정 법안이 당시 여당인 열린우리당에 의해 제출되자, 야당인 한나라당은 크게 반발했다. 한나라당이 제기한 문제점은 조사 대상이 소위급 장교로 확대된 점, 문화 부문의 조사 대상을 확대하여 언론인도 속하게 한 점, 위원회의 조사 내용을 대통령에게 보고하기 전에 공개할 수 있도록 한 점 등이었다. 〈조사 대상 확대, 정략 깔렸나〉, 《동아일보》, 2004년 7월 14일; 〈박 전 대통령 겨냥, 친일 범위 확 늘려〉, 《중앙일보》, 2004년 7월 14일 등. 한나라당의 반발에도 물론 정략이 깔려 있었겠지만, 열린우리당이 제출한 개정안에도 그런 측면이 없었다고 하기 어렵다. 세간에서는 조사 대상을 소위로 바꾸는 개정 작업이 박정희를 조사 대상에 편입하기 위한 것이라는 소문이 널리 떠돌고 있었다.

19 《보고서 II》, 280~282쪽.

20 2004~2005년 사이에 특별법 제정과 개정에 깊이 관여하고 있던 열린우리당의 신기남, 김희선 두 국회의원의 부친이 친일협력자였다는 사실이 폭로되었고, 나중에 모두 사실로 확인되었다. 대표적으로 다음 두 기사 〈'일제 말기 신상묵 씨가 취조 고문' 일본군 입대까지 독려〉, 《경향신문》, 2004년 8월 19일; 〈'김희선 의원 부친 친일' 공방 끝내야〉, 《세계일보》, 2005년 5월 19일. 두 국회의원이 부친의 과거 이력을 모르고 있었다는 아이러니가 설사 사실이었다고 하더라도 문제는 남는다. 자신의 부친이 가진 친일협력의 이력조차 모르는 사람들이 사회적 유력층을 형성하고 있다는 사실은 친일협력에 대한 망각이 얼마나 심각한지, 혹은 청산의 대상을 확정하는 일이 얼마나 어려운 일인지 증언하는 셈이다.

21 《보고서 II》, 27~29쪽. 그런데 이런 위원회의 규정은, 다음 논문의 해석을 차용한 것임을 밝히고 있다. 박연철, 〈일제강점하 반민족 행위 진상 규명에 관한 특별법상 '반민족 행위' 개념의 검토〉, 《애산학보》 35, 2009.

22 한나 아렌트, 김선욱 역, 《예루살렘의 아이히만》, 한길사, 2006, 209~227쪽.

23 《보고서 II》, 44~51쪽.

24 《보고서 II》.

25 《보고서 II》.

26 《보고서 II》.

27 《보고서 II》, 30~43쪽.

28 《보고서 II》, 261쪽.

29 《보고서 II》, 261~271쪽.

30 《보고서 II》.

31 《보고서 II》, 276~277쪽. 민족문제연구소의 친일인명사전편찬위원회가 편찬한 《친일인명사전》과의 비교도 필요한 작업임에 틀림없다. 하지만 이는 다음으로 넘긴다. 두 작업에 대한 간단한 비교로는 김민철·장완익, 앞의 글. 《친일인명사전》 편찬을 전후한 사정과 그 성격에 대해서는 조세열, 〈'친일인명사전' 편찬의 쟁점과 의의〉, 《역사비평》 2010년 여름호.

32 《보고서 II》, 55~94쪽.

33 박연철, 앞의 논문, 173~207쪽.

34 마루야마 마사오, 박충석·김석근 역, 《충성과 반역》, 나남출판, 1998, 13~128쪽.

35 가라타니 고진이 《윤리 21》을 통해 말하고자 했던 바가 결국 이것일 것이라고 나는 생각한다. 전쟁 책임을 묻는 일은 곧 자유와 연관된 윤리적 문제임을 지적함으로써, 정치와 윤리 사이의 그 영원한 왕복 운동을 말하고 있는 것일 터이다. 가라타니 고진, 송재욱 역, 《윤리21》, 사회평론, 2001.

36 그런 점에서 지금까지 친일협력 행위를 두고 한국 사회에서 가장 큰 논란을 야기해온 인물들, 곧 이광수, 김성수, 최남선, 방응모 등은 자신의 행위가 적나라하게 조사되고 그것이 친일협력 행위라고 국가에 의해 결정된 데에 대해 '지하'에서라도 다행스럽게 생각해야 할지 모른다. 그들은 '당분간은' 자신들의 행위를 단순히 윤리적인 차원에서만 고민하면 될 것이기 때문이다.

37 안병직, 〈과거 청산, 어떻게 이해할 것인가〉, 안병직 외, 《세계의 과거사 청산》, 푸른역사, 2005, 13~38쪽.

38 《보고서 I》, 27~29쪽.

39 이타가키 료타板垣龍太, 〈식민지 지배 책임을 정립하기 위하여植民地支配責任を
定立するために〉, 나카노 토시오中野敏男 외 편, 《이어지는 식민지주의継続す
る植民地主義》, 세이큐샤青弓社, 2005; 이타가키 료타, 〈탈냉전과 식민지 지배
책임의 추궁脱冷戦と植民地支配責任の追及〉, 나카노 토시오·김부자 편, 《역사와
책임歴史と責任》, 세이큐샤, 2008(한국어 번역본은 《역사와 책임》, 선인출판사,
2008).

40 《보고서 II》, 280~282쪽.

41 John W. Treat, Choosing to Collaborate: Yi Kwang-su and the Moral Subject in
Colonial Korea, The Journal of Asian Studies, 71-1, 2012, 81쪽.

42 윤해동, 〈말의 어려움─근대 국가와 협력〉, 앞의 《근대 역사학의 황혼》, 294~298
쪽; 도요시타 나라히코, 권혁태 역, 《히로히토와 맥아더》, 개마고원, 2009.

43 《보고서 I》, 213-216쪽.

2. 정치 주체 개념의 분리와 통합

1 박명규, 《국민·인민·시민─개념사로 본 한국의 정치주체》, 소화, 2009.

2 박찬승, 《민족·민족주의》, 소화, 2010.

3 하영선, 〈3중 어려움의 좌절과 극복〉, 하영선 외, 《근대 한국의 사회과학 개념
형성사》, 창비, 2009, 21~35쪽.

4 멜빈 리히터, 황정아 옮김, 〈개념사, 번역, 그리고 상호문화적 개념 전이〉, 박근
갑 외, 《개념사의 지평과 전망》, 소화, 2009, 191~227쪽.

5 《공립신보》, 1908년 7월 8일; 이헌미, 〈대한제국의 '영웅' 개념〉, 하영선 외, 앞
의 책, 374쪽.

6 박명규, 앞의 책, 17~21쪽.

7 멜빈 리히터, 앞의 논문, 199쪽.

8 나인호, 〈개념사는 어째서 새로운가〉, 박근갑 외, 앞의 책, 161~191쪽.

9 박명규, 앞의 책, 52쪽.

10 박찬승, 앞의 책, 27쪽.

11 강동국, 〈근대 한국의 국민/인민/민족 개념〉, 하영선 외, 앞의 책, 249~288쪽.

12 박명규, 앞의 책, 79쪽.

13 박명규, 앞의 책, 81쪽.

14 박명규, 앞의 책, 85~86쪽.

15 박양신, 〈근대 일본에서의 '국민' '민족' 개념의 형성과 전개—nation 개념의 수용사〉, 《동양사학연구》 104집, 235~265쪽.

16 강동국, 앞의 논문, 267~278쪽.

17 〈민족과 국민의 구별〉, 《대한매일신보》, 1908년 7월 30일; 박명규, 앞의 책, 93~94쪽.

18 박명규, 앞의 책, 4장 시민 항목.

19 박찬승, 앞의 책, 50~54쪽.

20 박명규, 앞의 책, 59~61쪽.

21 박명규는 말안장기를 안착기로 번역하고 있지만, 안착기라는 번역은 말안장기라는 용어가 지닌 고유의 어의와는 다른 뉘앙스를 풍긴다는 지적이 있다. 한림대학교 한림과학원 '제30차 동아시아 개념 소통 포럼'(2010년 11월 11일)에서 박근갑 교수의 지적. 이런 지적에 따라 여기에서는 말안장기라는 번역을 사용하기로 한다.

22 멜빈 리히터, 앞의 논문, 198~199쪽.

23 박근갑, 〈'말안장' 시대'의 운동 개념〉, 박근갑 외, 《개념사의 지평과 전망》, 소화, 2009, 31~57쪽.

24 박근갑, 앞의 논문, 31~33쪽.

25 박명규, 앞의 책, 260쪽.

26 박명규, 앞의 책, 267쪽.

27 박명규 역시 한국의 개념사는 20세기 전체를 염두에 두어야 한다는 점을 강조하고, 이런 점을 감안하여 분석을 진행하고 있다(박명규, 앞의 책, 47쪽.). 그러나

말안장기라는 개념은 이와는 다른 차원에서 고려할 필요가 있지 않을까 한다.

28 송승철 역시 한국에서는 개념이 의미론적으로 현저하게 확대되고 정치적·이념적 대안의 역할을 하게 되는 경우가 해방 이후에 오히려 더 많다고 보고 있다. 송승철, 〈개념사적 접근과 한국 근대〉, 멜빈 릭터, 《정치·사회적 개념의 역사―비판적 소개》, 송승철·김용수 역, 소화, 2010, 9~15쪽(Melvin Richter, The History of Political and Social Concepts: A Critical Introduction, Oxford University Press)

29 박근갑, 앞의 논문, 31~57쪽.

30 박찬승, 앞의 책, 40~41쪽.

31 박찬승, 앞의 책, 27~41쪽.

32 나인호, 앞의 논문, 161~190쪽.

33 박찬승, 앞의 책, 27~41쪽.

34 박찬승, 앞의 책, 11쪽.

35 박찬승, 앞의 책, 11~12쪽.

36 박찬승, 앞의 책, 19~20쪽.

37 나인호, 앞의 논문, 161~190쪽.

38 하영선 외, 앞의 책에 수록된 논문 가운데에서도 개념사 연구가 아니라 사상사 연구 방법론을 차용하고 있는 경우를 쉽게 찾을 수 있다.

39 박명규, 앞의 책, 53쪽.

40 멜빈 리히터, 앞의 논문, 191~227쪽. 반면 나인호는 "관념(이념)은 진화할 수 있지만, 개념은 진화할 수 없고 단지 변화되는 것"이라고 주장한다. (나인호, 앞의 논문, 161~190쪽.) 나인호는 진화와 진보 개념을 굳이 구분하지 않고 유사한 것으로 사용함으로써 조금 오해를 빚어낸 것처럼 보인다. 개념은 모호하고 혼란스러운 가운데서 경쟁을 거쳐 한 사회에서 폐기되거나 정착하는데, 이를 두고 개념이 진화하는 것으로 볼 수는 있으나 진보한다고 보기는 어렵다. 따라서 개념은 언제나 해석의 대상 이상일 수는 없다.

41 송승철, 앞의 논문, 9~15쪽.

42 멜빈 릭터, 앞의 책, 243~245쪽.

찾아보기

이 책은 2008년 정부의 재원으로 한국연구재단의 지원을 받아 수행된 연구임
(NRF-2008-361-A00005)

탈식민주의 상상의 역사학으로 New Right History in Korea

⊙ 2014년 5월 25일 초판 1쇄 인쇄
⊙ 2014년 5월 31일 초판 1쇄 발행
⊙ 지은이   윤해동
⊙ 발행인   박혜숙
⊙ 디자인   이보용
⊙ 영업·제작   변재원
⊙ 종이   화인페이퍼
⊙ 펴낸곳   도서출판 푸른역사
  우 110-040 서울시 종로구 통의동 82
  전화: 02) 720-8921(편집부) 02) 720-8920(영업부)
  팩스: 02) 720-9887
  전자우편: 2013history@naver.com
  등록: 1997년 2월 14일 제13-483호

ⓒ 푸른역사, 2014

ISBN   979-11-5612-014-8   93900